AQUARIUS

AQUARIUS

AQUARIUS

AQUARIUS

Vision

一些人物，
一些視野，
一些觀點，
與一個全新的遠景！

硬核媽媽
格十三

【推薦序】

看格十三的文章，就是療癒！

文◎沈雅琪（神老師&神媽咪）

看格十三的文章就是療癒。

很多教養書看了會有很強烈的挫敗和罪惡感。天呀！專家說不能罵小孩，我早上出門前才剛大吼過兩回！專家說不能在小孩面前滑手機，要跟孩子一起閱讀，我每天晚上都跟小孩一起追劇哪！看愈多教養專家寫的文章，愈覺得自己是個不及格的媽媽。

但是看格十三的書就不一樣了。一邊看，一邊點頭如搗蒜：對，就是這樣——好

想把小孩趕出家門去！好期待小孩趕快開學，上學去呀！

我家兒子今年考大學。考前跟他聊天時，他說想考台北的學校，就能住家裡，真是讓我嚇傻了。我不想要他連大學都住家裡呀！不想當免費的隨傳隨到的保母車，不想配合他的作息將就行程，又不能明擺著要他到外縣市去讀書……

我只好不著痕跡地勸說他：「台中那間還不錯呀。」「台南的那所大學是企業首選耶。」「高雄的……」但他就是堅持要把第一志願填在台北。

從那一刻開始，我不斷祈禱，用念力發功，求老天爺讓他考遠一點，最好是中南部、甚至外島去。考遠一點，他應該就能趕快獨立，讓他學會搭車換車、打點自己的生活細節。

我一定是上輩子拯救世界。我的願望，老天有聽見，他果然考到中南部去。如果不是疫情期間，真想召集所有親朋好友來辦個流水席。老公立刻打臉，「你有朋友嗎？」

嗚……進入中年的媽媽，生活圈真的小得離譜呀！不是老公、就是小孩，不是工作、就是家庭。中年婦女的孤單與哀愁，老公不懂，但是格十三知道……

希望孩子到外地讀書的想法，我都不敢說，深怕有人說我這媽媽很狠心。但是格十三竟然寫著：「最好學校能三百六十五天，天天都二十四小時幫我帶孩子……」哈哈哈哈！有人跟我同仇敵愾，真是解氣。原來不只是我這媽媽想脫離孩子的依賴。

不是我不愛孩子，而是我更嚮往那生了孩子以後，就一刻不得閒的自由。

女兒從小發展遲緩。我陪著她，經過幾年的復健和課程，她對談如流、行動自如，上學後唯一的障礙就是無法識字。大概是平時生活都沒有困難，外人看外表，幾乎看不出來她是特殊的孩子。

她上小二時，有一天，工程師早點回家，我請他幫忙看著女兒寫功課，我去煮晚餐。晚上睡覺前，他突然問我，「妹妹是讀寫障礙嗎？」

我的天！他女兒是讀寫障礙已經九年，他竟然不知道孩子有閱讀困難，寫不出字

來……

有一次，我問工程師，「這輩子遇到最困難的事情是什麼？」

工程師想了想，「沒有耶。我覺得我人生還滿順的。」

我的天！我為了妹妹的遲緩和障礙，不知道在夢中跳樓幾次；為了哥哥們的叛逆淚濕枕頭，恨不得把孩子塞回肚子裡去。有時我覺得我的人生苦到不能再苦，可是這個男人，竟然人生滿順的！

媽媽在苦海深淵，爸爸卻狀況外，渾然不覺。身邊這個枕邊人，跟我睡同一張床，卻是活在兩個平行的世界。我不知道要跟誰說去，沒想到看格十三的文章點頭如搗蒜，淚流滿面，終於有人知道我的苦。

●

看到書的最後，格十三說：「沒有誰能真正平衡好一切。只是有人笑著多扛起一個擔子而已。」

我說：「誰的人生沒有幾個坎？走不過去，就爬過去。沒有哪個坎，可以難得倒身經百戰的媽媽。」

目錄

第二章 媽媽分兩種，「自信的」和「盲目自信的」

目錄

第三章 養孩子燒錢是小事，關鍵是折磨爸媽

第四章 媽媽不在家，父子樂開花

第一章

每天做一個求生欲滿滿的媽媽

成為媽媽，不光意味著家裡多個人和存摺裡少幾個零，更大的改變是內心的自我「降級」。這個「降級」不是貶低自己，更不是頹廢、不思變，而是客觀上要開始甘當陪襯、韜光養晦，同時還要豐富自己的內心，擴充自己的靈魂，讓自己配得上「媽媽」二字。

在這個過程中，我們可能會磨練心性，克服困境，彌補不足，走出自己的舒適圈，嘗試各種不同的挑戰，甚至完全逆轉自己的本性。我們會發現自己竟有如此大的潛力，可以完成如此多的困難動作，練就如此強大的內心和體魄。

這一切都是因為我們是媽媽，從高尚、偉大的責任和義務，到不可告人的私心與貪婪，都在推著我們往前走。

我們可能變得更要面子，更追求浮誇。但我們也會變得愈挫愈勇，也更懂得「父母心」。

這場「修練」漫長而艱辛，但只有經歷過的人才會在回頭望時，發出「人生真是有意義」的慨嘆。

等開學就像談戀愛，既期待，又怕受傷害

我們等待的不是開學，是優雅的重生。

中年婦女等待開學的滋味，有點像思春的少女等待愛情——又期待，又怕受傷害。

二〇二〇年，因為疫情，有些地方從寒假連著繼續過暑假，孩子一直在家。我一個北京的朋友含著淚說：「**八個月，兩百四十多天，五千七百六十多個小時，三十四萬五千多分鐘！孩子沒去過學校！寒假連著暑假，一直待在家裡！**」於是，這位朋友對於開學的期盼，已經達到了前所未有的強度。

然而快開學了，她卻變得心情複雜，又期待又害怕，畢竟已經半年多沒體會過那種團結緊張嚴肅活潑的生活節奏了，得重新適應起來。

暑假裡的老母和住家保母的區別，僅在於拿不拿薪水。我們時而是一個準備進廚房和洗衣間的鐘點工，時而又是一個客串家教和陪練的全職管家。整個假期裡，無心打扮，懶得修整，為孩子的吃喝拉撒絞盡腦汁，感覺把全部靈魂獻給了暑假……即便已經馬不停蹄、手忙腳亂，但神奇的是，有些東西還是和愛情一樣，如同指縫裡的沙，捏得愈緊，流得愈快，在不知不覺中失去掌控。比如小孩的作業，開學前定睛一看，作業堆成了一個漂亮的沙丘，細膩溫婉，還留著歲月搧了你一巴掌的痕跡……

我採訪了一些媽媽，數據顯示，開學前的老母對於「開學」的感受，有著微妙的區別，主要分為三大陣營：

第一陣營：毫無理智狂歡派

反正就是期待，無理由地期待，不假思索地期待，為終於可以把孩子送回學校去而感到無比開心。

她們在群組裡，毫不掩飾自己激動的情緒：

急不可耐，歡呼雀躍！

久旱逢甘霖……

在三十八度C高溫下，我都覺得陽光溫暖舒適，心情舒暢，就像喝冰奶茶一樣，透心涼，心飛揚！

說實話，我覺得自己也屬於這一類，有點沒心沒肺。只要孩子不用每天在我眼皮底下晃，取消寒暑假也是極好的。

我們這種當媽的，如同一個無情的客戶，最好學校能三百六十五天，天天都二十四小時幫我帶孩子……

我們也像一個花樣少女，平時連門都懶得出，一到孩子放假，卻偏偏格外嚮往自由，渴望淡黃的長裙、蓬鬆的頭髮、鑲鑽的高跟鞋以及每天換著花樣的熟女的微笑。而不是大黑T恤、牛仔褲、人字拖、鴨舌帽，天天出入游泳館、網球場、補習班，後面跟著個惹人嫌的「吞金獸」。

然而，就目前的假期情形來看，我們的職業素養是：隨時隨地演好一個為孩子的吃喝拉撒奔忙的女人，而不是隨時隨地演好一個優雅知性富麗堂皇的女人。

我們等待的不是開學，是優雅的重生。

第二陣營：使命未達狂躁派

俗話說，世上沒有一個女人未曾在開學前，因作業而心跳加速過。多麼富有哲理的一句話啊，好好感受一下。

她們每到開學前，就開始一一細數壓在心頭的那些作業——

還有三張壁報沒做。

拖延症，天天壓力崩潰中……

早上驚聞暑假作業漏了一大項，趕緊買齊參考書，哀鴻遍野；下午問了老師說也不用全部

做完，劫後餘生。

翻箱倒櫃把每一頁紙都拿出來仔細看看，是不是放假前發的試卷。

每個群組裡搜索一下「暑假作業」……

看到這裡，我又覺得我也屬於這一類人。我狂躁啊！我著急啊！

每次離開學還有一週時，我鼓足勇氣向兒子提出整理「已完成作業list」，結果他總是淡定地告訴我，「直接給你『還沒完成list』吧！」

不瞞你說，開學前，我們家的整體氛圍是團結向上的，連孩子他爸都意識到形勢的緊迫了，每天早、中、晚三次問安，「**作業還剩多少？**」這就像我們家的一個暗號一樣，就連我爸媽也被感染。

我爸：「**作業還剩多少？**週六早點過來吃飯。」

我媽：「**作業還剩多少？**餃子想吃什麼餡的？」

這是我們家開學前的核心文化。每個人都自覺地加入警鐘長鳴的隊伍。

第三陣營：前景迷茫焦慮派

屬於「對放假害怕，對開學更怕」的媽媽們。

想到開學要管小孩寫作業就很憂傷。

昨天老中醫叮囑我，快開學了，別發火，身體要緊。

通知九月十八號體能測驗，我已經開始焦慮了，好煩。

雖然感覺放假猶如被一個拖油瓶鎖住了任督二脈，但開學後的滋味，卻更是深不見底的未知數。

離開學還有幾天，有的媽媽就收到了一份「開學驚喜包」：開學第一天，將進行語文、數學和外語「摸底考」。

假期裡再怎麼說也是「家庭內部衝突」，但一開學，一考試，「敵我衝突」就產生了。別人家那個「整個暑假都在遊山玩水的孩子」考了九十九，你家「整個暑假

都埋頭苦讀的孩子」考了六十六，你說神奇不神奇？焦慮不焦慮？

一想到這，我感覺自己也是這類媽媽。開學後，各種謎樣的學霸此起彼伏，真是讓我們這些連趕作業都差點喘不上氣的人感到焦慮。

萬一好不容易盼來了開學，剛一開學，孩子很快就坐實了「學渣」地位，這……這種感覺……就像好不容易盼來了愛情，才談了一天發現對方是個渣男……

身為久經考驗的老母，面對開學，大多數媽媽們還是做到了沉著冷靜，處變不驚。**表面上看不出內心的跌宕起伏，眼神裡看不到靈魂深處的糾結慌張。**

生活是一個接一個的驚喜和驚嚇交織，小小的開學又豈能壞了我們優雅的姿態。時刻做到不以物喜不以己悲，心中默念：**暑假已經結束了，寒假還會遠嗎？**

每天做一個求生欲滿滿的媽媽

只要是對孩子好，不擅長的可以立刻擅長，嫌棄的可以瞬間熱愛。

之前有一位熱心讀者給我發了個訊息：**「十三姐，明天我們學院有個特別棒的設計展，想邀請你參觀，非常歡迎你來哦！」**

我這人其實特別懶，平時最好誰也別找我，能不出門就不出門，能少社交就少社交。參觀設計展？有這工夫去大學裡看展，難道在家躺著滑手機不好嗎？

但我這人臉皮又薄，謝絕別人的邀請時，總是開不了口。反覆斟酌半天應該如何措詞，然後我拿起手機，緩緩打出一行字：「**我明天可能比較忙……**」

這行字還沒打完，對方又發來一則：「**我們交大密西根學院的學生設計作品展都很不錯的，說不定你兒子也會很感興趣，歡迎帶孩子一起來哦！**」

等等！兒子？你不說，我都忘了，我有個還沒考大學的兒子呢！

雖然他現在才上國中，但是他早晚要上高中啊；上了高中，就早晚要考大學啊！如果他將來爭口氣，能報考交大密院，為娘我早點去瞭解一下，不是很好嗎？萬一他考上了，老師們想起「這孩子他娘當年都不願意來看我們的展覽，哼哼」，那多不好……

剎那間，萬千思緒在我頭腦中翻滾。一個媽媽的專業素養就體現在這些縝密的細枝末節的邏輯推敲之中！

對，沒錯，只要我兒子還在讀書，當媽的就要有這個意識。我可以拒絕一切山珍海味，放棄一切吃喝玩樂，推掉一切無效社交，然而，絕不能錯過任何與各校老師交流的大好機會啊！

於是，我緩緩地刪除了「我明天可能比較忙」，緩緩地打出一行「**我明天正好有空**」。

消息發出去後，想想表達似乎還不夠到位，然後又打了一行：「**老師們是喜歡拿鐵還是美式，明天我帶去……**」我可真是一個平平無奇的卑微好媽媽呀！

自從為這次應邀看展扣上「替兒子打前哨戰」的高帽子之後，它的意義就不一樣了。

我反覆思考著，到時候見到各位老師，我該如何展現我那呼之欲出的才華，該如何施展我那該死的魅力，才能不給孩子丟人現眼。

後來又一想，不對，這個展覽對於我這樣一個文藝女孩來說，簡直是對牛彈琴。什麼智能數據管理啊、ＡＲ擴增實境的應用啊、無線充電系統啊，我看完就會呆住……等等！充電？十三姐夫可是行家啊！於是，我立刻打電話給孩子他爸。

「明天別安排事情，跟我去一趟交大。」

他問：「去交大幹麼？」

我說：「家長面試……」

要知道，這麼多年，不管是線上活動還是線下活動，十三姐夫永遠是一個虛擬的存在。他的人設是「雲」，他只存活在我的文章裡。

而今天，為了兒子的未來，我竟可以做到破天荒地把他帶出來露臉。欣慰的是，在被我灌下了「這裡有可能是兒子未來的母校」這杯毒酒之後，他竟然也覺得我有道理！

你看，夫妻間少有的精湛演技和高度默契，只有在籌劃孩子的未來時，才顯得如此和諧。

老師帶領我們參觀時，我一咬牙，小鳥依人地躲到雲配偶身後，時不時慫恿他問點專業問題，切磋點專業知識，飆一飆專業術語，以彰顯我們家濃厚的創新科技素養。不談專業時，我就把他拉到後面，由我補位，溫文爾雅地和老師們談笑風生，以免冒失又嘴碎的雲配偶說錯話……

就這樣，你耕田來我織布，你挑水來我澆園，一邊考察學校，一邊自以為正在被學校考察。

為了孩子的未來，為娘必須硬著頭皮，在眾人面前猛誇孩子他爸的專業素養，讚美他對孩子的良好影響，高唱全家一起沉浸於電烙鐵科學世界的雄偉凱歌，只為給老師們留下一個美好印象——「嗯，這孩子的家庭環境還不錯。」

如果老師說一句「歡迎報考交大密院」，我就開始思考如何在新生的親師座談會上展示十八般武藝了，是鋼琴版〈He's a Pirate〉，還是古箏版〈See You Again〉……

老師要是再說一句「我們特別歡迎像您這樣和我們有共同理念的家長」，我就已經連優秀畢業生家長代表致詞的大綱都完成了。

這一切可能全部會成為浮雲、化為泡影，但這也是一種「功德箱」——成不成全看造化，但投不投就是老母的自我修養。

就在幾天前，我被幾百個女人包圍，在一群狂熱粉絲的簇擁中，我被親親抱抱舉高高，頭戴光環，意氣風發。僅兩天之隔，我帶著雲配偶跑到人家的場子，上演狂熱家長，小心謹慎，如履薄冰。

一天前還是個懶得出門、逃避見人的**「社會性死亡中年人」**；一天後就變成朝氣蓬勃、熱情似火的勤快小姐姐。出門前還是一個伶牙俐齒、驕橫跋扈的中年婦女；出門後，立馬變成世上最溫柔、懂事的Hello Kitty。

很多媽媽的日常都是這樣周而復始，而大部分這樣的反覆無常還不都是「為了孩子，求生欲滿滿」。

是不是社交達人，主要看這次社交和我的媽媽身分是不是相干。你要是找我喝茶閒聊，我可能沒空。你要是找我喝茶，聊考高中的形勢分析，我馬上洗個頭出門。疲憊不堪可以變成神采奕奕，緊張忙碌可以調整成悠閒無聊，不喜歡的可以馬上喜

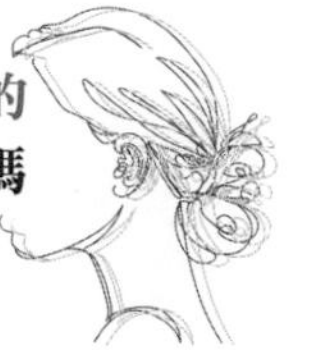

歡，不擅長的可以立刻擅長，嫌棄的可以瞬間熱愛。

有人說「這麼卑微的求生欲，是不是太累了」。那你就片面了。

孩子像一根風箏線，治好了我們很多「矯情」的怪癖。

當我們太孤傲的時候，它拽一拽；當我們太囂張的時候，它拽一拽；當我們太自大和冷峻的時候，它又拽一拽。就這樣，我們經常能挖掘出自己謙遜、低調、熱情的一面，變得能屈能伸，可進可退，臉皮可厚可薄，肚量可伸可縮。如同會七十二變的孫悟空，練出了無數不但保護自己、還能保護家人的技能，成了一個從靈魂上豐滿的人。

我感覺，這不是求生欲，也不是被小孩扼住了命運的喉嚨。相反地，這是在成就更優秀的我們。

中年人三大翻車現場：考卷、帳單、體檢報告

我們中年人沒有平常，全年有驚喜。

小時候，我無法直面三件事：突然間考試、被扣零用錢、親師座談！

三十年過去了，儘管**見識、眼界、能力，都和身材一樣愈來愈寬**，但冷靜地想了想之後發現：那三件事好像依然是我的噩夢……

曾經涉世不深，與世界來了場殊死搏鬥，上過當，吃過虧，買過來歷不明的產品，體驗過卑微的愛情……如今，叱吒風雲，獨當一面。然而，無論你是老闆還是

老江湖，當面對這三大恐怖事件時，內心仍然脆弱無力。

三十年了，毫無長進。這怎麼和我想的不大一樣？

很多人說，不怕空氣突然安靜，就怕老師突然來訊息……

我認為一個堅強的中年人，不能單怕這個，你還得怕下班回家看到考卷，怕打開信箱時掉落一地的帳單，怕親師座談時速效救心丸不夠吃，否則，你一定是個膽大包天沒心沒肺不合群的中年人。

考卷一展，聞風喪膽

曾經，我十分輕視卷子上那個紅紅的分數，認為憑我的優良學霸基因，兒子成為學霸只是時間問題。然而我猜中了開頭，卻猜不到結局。

每次由考卷引發的千絲萬縷的糾葛，對我來說都是一場考驗。就這個問題，總讓我憋得面紅耳赤。最後我選擇打開電視看一集新聞聯播，關注一下國家民生和世界局勢。

我心如止水地默念：「快活一秒是一秒。我不說話，歲月靜好。」

每次慌張地等待考試分數，像一個害羞的姑娘等待心上人，既怕他不來，又怕他亂來。翻滾交錯的思緒，彷彿一個押了全部身家的賭徒，不敢看百家樂的輪盤。

與此同時，我還得掩藏眼中的混亂，所以我眉宇蒼茫，冷漠無情。

人到中年了，職場上如魚得水，意氣風發，但兒子那一紙試卷帶來的如龍捲風一般橫掃千軍的威力，卻是我抵擋不了的。每逢他小考、月考、期中考試、期末考試，我都失魂落魄如坐針氈手心出汗。我不但沒有設置消息免打擾，還置頂了班級通訊群組。

帳單一出，按時吃土

幸好，孩子的分數終會過去。該吃吃該喝喝，這張紙時過境遷，便了無牽掛……

但是，你的帳單就不一定了。

說到帳單，它是個謎，只要不看，總覺得自己很有錢。

別人的身價依託於道瓊指數和期貨大盤，而生活在上海的我，存款要看季節。

你問我窮不窮，我會先問：「你是問寒暑假、補習班報名季，還是平常？」

「平常。」

「對不起，我們中年人沒有平常，全年有驚喜。」

七月的土最好吃，還添加了市場風的孜然香料佐味。

孩子放假了，本計劃天南海北走一遭，卻經常一時興起又席捲了幾個才藝班。說到培養兒子的興趣，據統計，每家每戶總有一個人對此走火入魔，這個人大多數是女性。孩子剛會爬，搞個「抓周」儀式，兒子幾經選擇，放棄了書本和算盤，竟拿起了一條手鍊。這條手鍊表面光滑、做工精美、形狀統一，呈規則的螺旋狀，是難得的上品。這說明兒子今後的人生方向是基因科學或者量子物理……

每年一月的土，帶著自然風乾的別樣風味，添加些各色親朋好友的加料，口味更豐富了。

過個年，感覺半年的班白上了。我神態自若故作輕鬆，心裡翻江倒海地發誓下個月省一點！打開下個月的帳單，明顯感覺問題不在我，一定是通貨膨脹了。

吃土最是柔情時，更道天涼好個秋。

中秋報名季、續班季，別人花前月下，我在花錢等下月。

體檢一到，心驚肉跳

當你看到孩子的考卷火冒三丈，看到信用卡帳單氣急敗壞時，朋友，別急，冷靜。此時，最適合拿出你的體檢報告看一下，然後捫心自問：**你還配那麼凶猛和倔強嗎？**

你只配軟綿綿地躺在沙發上，來一杯陳年枸杞紅棗，面朝東方，虔誠念叨：神啊，菩薩啊，太上老君啊，玉皇大帝啊。

沒錯，體檢報告是一個大功率滅火器，專治生命中各種不屈不撓的頑強和不服氣，教會了你什麼叫內心平和（inner peace）。你要懷有一顆感恩的心。

有一次，孩子他爸跟我說：「你再去做一次全身體檢吧。」

我說：「我不敢，萬一查出什麼病來，怎麼辦？」

「你不做體檢，就沒病了？」他翻了個白眼。

「晚知道點也好。」我眼波流動，神情溫婉。

中年人害怕體檢，就像小時候害怕打針，一點沒變。只要不做血液常規檢查，便不知三高為何物，方可繼續蛋糕、串燒、麻辣燙；只要不查心肺功能，便不怕血管爆表，還能繼續罵小孩、拍桌子和跺腳。

得知複查結果非常理想，媽媽們順手叫了一杯超大杯波霸珍珠燕麥奶蓋三分糖。

中年人疑神疑鬼，總覺得自己的頭髮像蒲公英，清風徐來，飄然而去。每當旁人一句「呀，最近頭髮有點稀呀」，就開始懷疑自己究竟是甲狀腺結節還是腎虛。

中年人害怕體檢，但懦弱不等於魯莽。每當有個頭疼發燒，對醫院來說可都不輕鬆。

我的一個朋友頭昏腦脹加嘔吐，一副孕早期症狀，我扶她去醫院。掛了醫院的專家門診，白鬍子專家建議化驗個血常規，我朋友卻堅持要求來個醫療鎮魂三件組：胸部Ｘ光、磁振造影加電腦斷層。在醫院一番折騰，專家快瘋了，一拍桌子吼道：「你這就是暈車！」

知道自己沒事，她頭也不疼了，腰也不痠了，一口氣爬六樓都不喘了。

孩子他爸說，有一天他進公司，發現辦公室裡一片寂靜，平日喝奶茶可樂吃外賣的兄弟姐妹都極為收斂。有人吃空氣，有人吃沙拉。茶杯裡竟出現了冬蟲夏草和枸杞，下班了急著回家煮五穀米，還有人買了ＶＩＰ健身卡。

為何氣氛如此詭異？辦公室裡的大姐告訴他：「這叫中年人突擊性養生，因為下個月安排了員工體檢。」

看見沒？提到體檢，中年人的狠勁瞬間就滅了。

提到體檢，那是一款驚悚的消消樂遊戲，未了的心願、所有的執念，渙然冰釋。

提到體檢，那是靈魂的救贖。你終於可以理所當然地翻個身對雲配偶說：「我今天不舒服，親師座談你去。」

彷彿昨天還在造作，今天就感覺身體已經不能支撐你活蹦亂跳。所有中產階級的哀愁和爆炸式的嘶吼都沉靜了，終於迎來歲月靜好，人間值得……

很多東西都像青春的遺物，隨著年齡和勇氣的增長卻越發不敢直面。

中年人永遠在給自己營造一種《百年孤寂》馬奎斯式的幻境，好像狍子或是鴕鳥，把腦袋插進雪地裡或者黃沙下，可以躲避現實的滋擾，一如既往地體面。

時光太快，一腳踏入了不惑，另一隻腳還沒離開青春期，彷彿剛剛放下書包走出校門，兒子就來要家長簽字，眼神彷彿在說：你能不能成熟點？

人生的考卷、歲月的帳單、生命的報告，就像此起彼伏的洪水，試圖洗掉中年人所有的不服。

地方媽媽站出來，

你不是一個人在戰鬥！

家長群組，人類進步的階梯

每天群組裡的三百多句「謝謝」和「不客氣」以及「我們是溫暖的一家人」，構成了最偉大的人間真善美。

朋友，你覺得自己孤陋寡聞嗎？你害怕自己落後於時代嗎？你擔心自己見識淺薄嗎？你想學最新、最尖端的科技嗎？你想瞭解中醫、西醫嗎？你想掌握社會民生最完整的資訊嗎？你想知道方針政策最新動態嗎？你想治好選擇恐懼症嗎？你怕錯過折扣優惠嗎？你希望隨時隨地有人給你網購的連結網址嗎？你想不費吹灰之力，找到人生知己、事業夥伴、投資方向嗎？你想在孤獨的時候，有人陪你八卦嗎？你想

在煩惱的時候，有人比你更慘，讓你開心開心嗎？

那你必須加入一個家長群組。

這是一個團結緊張嚴肅活潑的扁平化組織。和其他群組不同，它起點就高。不管是校內的、還是校外的，大家屬於「以娃會友」，同呼吸共命運，從一開始就自帶戰友情、自來熟。

在這種以愛之名的大前提下，一切都變得美好起來，別管是拉票、按讚的，還是殺價、湊人數團購的，以及花式彩虹互誇的，都散發著同僚間才有的默契，讓人欲罷不能，退群組不得。用不了多久，你就逐漸領略到家長群組的另一種魅力了。

我自問精通天文地理哲學心理，熟讀唐詩宋詞和勵志文學，情商智商同時在線，身材勻稱，體重沒破百，在公司裡幫老闆搭過橋、在家裡為配偶填過坑。應付一個家長群組，我覺得沒有問題。於是我把自己放在網路上的大頭貼重新液化濾鏡了一下，信心十足。

一進去才發現，大家的大頭貼都透露著一股成功人士的味道。連他們給孩子取的名字，我都讀不對……我突然沒自信了。

更沒自信的還在後面。

也許你剛當上家長的時候，覺得「我家小孩真好啊，聰明健康好看，像我」。

當孩子走進校園時，你又滿懷信心：人生漫長道路的第一步，快樂地去成長吧，孩子。感覺自己的教育理念真的很先進，理性又科學，我應該是這個世上最典範的父母了吧。

後來才發現，**孩子邁進學校那一步，不是人生的轉折點，我邁進家長群組的那一步才是。孩子還是那個孩子，我們變成了更優秀的我們。**

家長群組才是一個大千世界，顛覆之前所有育兒的優秀理論與實踐，泯滅一切曾有過的「我帶孩子帶得最好」的信念。只需要〇．〇一秒。當看到別人家爸爸媽媽給孩子做的「每天十六小時每週計劃工作表」時……我輸了。在那一刻我就知道：家長群組，將是我學習做人的第一步，也是學當爸媽的啟蒙平台。

用不了三天，你就會發現，它不僅是學習上的伴侶，還是一個包含了家政服務、社區通知、難題解析、醫療諮詢、致富祕笈、烹飪養生、脫坑指南、升學攻略、試聽課QR Code分享、買一送一秒殺等綜合性高密度多管道的福利平台。只有想不到，沒有他們不知道。**不進家長群組，我還以為自己是教育能手、育兒標兵、百科全書、人間指南；進了家長群組，才發現原來我是一個廢物。**

你家修補陽台，缺點防水塗料？家長群組裡吼一聲。梓瑄／紫萱／子軒媽媽上次參加學校文化節時做兵馬俑，可能正好剩了一小桶防水漆，立馬快遞到你家，還附贈了使用說明書——以及她家堆不下的三十六套兒童小說。

家裡抽油煙機的止回閥老化了？隨口在家長群組裡問了一句，子明／梓鳴／子銘媽媽會給你發來止回閥的高檔圖片和原理詳解，以及離你家最近的五金店老闆的通訊ＩＤ，貨真價實，童叟無欺。

放假日，哪家醫院有兒科門診？群組裡吼一句，四五十個標準答案同時出現，包括專家特別門診的價格、排隊的平均時長、專家門診特色評比、網上諮詢平台QR Code……一應俱全。最後在標準答案中得分最高的紫涵／梓涵／子寒媽媽，會給出這家醫院的路線導航、從哪條路的哪個門可以開進去、幾號停車場的哪個方位車位最多，並附贈一張精緻的手繪地圖。

我非常感動，我加入了一個好人好事求助群組，它的打開使用率最高，成了手機裡眾多生活教育類ＡＰＰ的唯一競爭對手。在家長群組，你曾經靠撐竿跳都搆不著的大老闆、大主管、大咖們，和你平起平坐，有事沒事問你：**在嗎？能拍一下今天的作業嗎？……**

在家長群組裡，沒有身分地位之分，只有互相請教：在嗎？能把你家孩子的英語考卷拍一張給我嗎？……**每天群組裡的三百多句「謝謝」和「不客氣」以及「我們是溫暖的一家人」，構成了最偉大的人間真善美。**

家長群組開闊你的視野，提升你的眼界，拔高你的格局，磨平你的稜角。曾經學校和老師沒教會你的，家長群組一一幫你灌輸得明明白白。在群組裡，我沒什麼存在感，感覺我一身的天文地理人文哲學造詣，在這個群組裡毫無用武之地。

我努力地想要創造點話題，來一展我的超能力，摩拳擦掌時刻準備。

一個媽媽求教一道數學題，我開心極了，剛拿起筆，只見已經有四五個解析完整、步驟清晰的答案PO了出來，貼心點的還附上語音版講解。

有人在群組裡請教暑假旅行路線。我剛陷入美好回憶，準備向他介紹目的地，突然看到有人已經推送了詳細的目的地旅行攻略，附帶著打折門票的領取方法和坑人景點項目列表，還貼出了優秀當地導遊的聯絡QR Code……

不進家長群組，還以為我們家相當文藝，能寫文、會彈琴，讀得懂《快樂王子》王爾德，唱得了周杰倫。進了家長群組，發現原來我仍是一個粗人。

冷不防地，家長群組裡，秀才藝說來就來。提琴、長笛、管風琴、豎琴、爵士鼓、

烏克麗麗、電吉他玩得走火入魔，一人玩兩種樂器的比比皆是，個個爐火純青。後來談起文藝這方面，我都不好意思開口。書法、繪畫、雕刻，群組裡唯妙唯肖，技藝超群。我在一個孩子的畫中，同時看到了西方繪畫線條和東方美感筆觸。孩子寫作文我就不提了。別人家的孩子動情的散文和小說，經常使我感到望塵莫及。

只有進了家長群組，你才知道，「承認自己普通」和「承認自己的孩子普通」，這兩件事勢在必行。

成年後，最大機率結交到人生摯友、後半生知音的場合，應該就是家長群組了。如果一起經歷人生最艱難的義務教育完整階段，你們的友誼將金剛不壞，至死不渝，化成灰都緊緊抱在一起。

家長群組終於讓中年老母們返老還童，重新體會小學生鬥嘴的快感。你兒子揪我女兒裙子，把釦子拉掉了——小事情小事情。你女兒把我兒子的橡皮扔到窗戶外面去了——不好意思不好意思。哦，聽說是你兒子先把我女兒的鉛筆藏了起來——不懂事，我教育她。哈哈，大概是因為你女兒上課老是拿鉛筆戳我兒子——沒事了沒事了。

我也不太理解當代老母鬥嘴的邏輯，那是又怕她不吵，又怕她亂吵。不看效果，只講禮儀，真好。

家長群組是知識的海洋。聊天嗎？為小學二年級數學題吵架兩小時的那種……

這就是家長群組的奧妙之處，它讓你永遠都不會給自己打一百分，讓你永遠進步，拋棄原來那個混沌的自我，向著更高、更深的遠方拓展。如果人人都進入家長群組，互相扶持、共同進步，那麼人間將會更美好。

家長群組是人類進步的階梯。你羨慕了嗎？

首先，你得有個孩子。

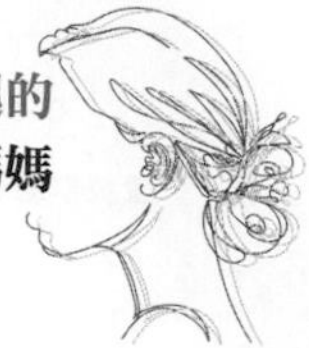

親師座談，專治各種不服

在這裡沒有尊卑貴賤，只看你家孩子有沒有上處罰名單。

如果說在這瑣事橫飛、刀光劍影的生活裡，還存在這樣一種場合，既有追逐競爭又沒鉤心鬥角，既分得出高低又講究平等，既讓你甘心挫敗又磨平你的稜角，還教你低調做人，在光環之下，保持謙卑……那這個地方不是董事會，不是表揚大會，不是社區管委會，而一定是「親師座談」。

中年人的真善美，全在親師座談。

有一次，我的朋友皮小蝦發了一段短影片。影片中，他坐在正進行親師座談的教室裡，擁擠的教室桌椅勉強塞進中年人肥碩的身體。他發現坐在他前面的一位媽媽，長髮飄逸，髮絲落到了他的課桌上。他下意識地把手伸了出去，小時候「扯前排女生頭髮」時的激動之情油然而生，順便來了一段感慨：

剛想扯一下前排女生的頭髮，
突然反應自己是來參加親師座談的，
曾經以為老去很遙遠，
其實年輕已經是很久之前的事情了。

這種無奈充滿了喜感。不少人覺得這個爸爸油膩了，但我覺得，**別認真，認真你就輸了。**在這諸事雜沓的中年，有一個偶爾撩撥情懷的機會是多麼難得，更何況是在這擁有人類最錯綜複雜情緒的特殊場合——親師座談。

不容易，我們提倡這種娛樂至死的精神。好在，中年男人有了收放自如的能力，儘管參加親師座談還能忙裡偷閒地演繹情懷，祭奠青春，但還是能保持克制，無傷大雅。

話說回來，坐在前面的媽媽那淡定的姿態，也映襯著中年女性獨有的安全感和灑脫。說不定人家早在心中有了譜：後面不管是誰，我諒他不敢碰老娘一根頭髮。或許在下一秒的相視一笑之後，翻篇帶過，相忘於江湖，下次再見，可能是畢業典禮了。

到了這個年紀，一個自律，一個自信，彼此保持著默契的疏遠與親近，這就是美好而莊嚴的「親師座談之交」。中年人的真善美，在此刻便到達了巔峰。所以我總覺得，**「成為家長」是生命中比較可愛的一件事。**

少了這一段，晚年的回憶全是成熟的後半生，一點童趣也沒有。有了這一段，基本上五十歲之前充滿波濤的人生，才能積累足夠的「沙雕」回憶，供我們以後與老年大學的同學講笑話用。

一時間，這個欲扯又止的感慨，牽引了許多中年人的情緒。

我不禁琢磨起來，任何引發共鳴的東西，一定有它優秀的內涵。這段影片短小精悍，卻蒼勁有力，於表面的綿軟細膩之中，隱藏著巨大的內力。

我想它引發的共鳴，可能並不在於「扯女生的頭髮」，也不是「頓悟年歲已高」，而應該是當那伸出去的手瞬間又縮回來的一剎那，一顆在一秒之內完成了從「自我放逐」與「自律自省」全套動作的鋼化玻璃心，噹一下被戳到，像是被青春撞了一下腰，直接椎間盤突出了。

坐在自己孩子的教室裡，就如同參演一場話劇，你只是客串群眾演員，劇本由老師和孩子編寫，演出效果是導演的功勞，門票收入歸製片方……你只是個跑龍套的。但在這裡可以無限接近肆無忌憚的純真，也無限學習抱著規矩做人。

親師座談，專治一切放浪形骸和不服。**正是這種於無形中將人按在砧板上剁成肉泥還很均勻流暢的快感，讓中年人欲罷不能。**（真的，看了這段影片之後，我發現我一本正經胡說八道的本領提升了。）

不參加一次親師座談，有些中年人可能都無法直面這一事實：你青春裡的那些「前面的女生」、「同桌的女孩」及「遠處的姑娘」，早就是別人的媽了；你青春裡那些「隔壁班的男生」、「籃球隊的帥哥」及「對你笑過的校草」，也早已是別人家的雲，也許比你的配偶強不到哪兒去。

就像這個世界沒有真的給女人創造一種有效的除皺產品一樣，它也沒有給男人留任何回頭路。想到這兒，青春裡的恩恩怨怨一筆勾銷，朦朦朧朧的小情緒消失殆盡。親師座談，堪比強硫酸，勝過雙氧水。

親師座談的意義不僅止於此，它還擺平了成年人無處安放的牽掛與想望。

我發現有很多剛結婚的年輕人，整天訴說「成年人的生活裡，沒有容易二字」，有一種為賦新詞強說愁的離騷感。而正是這種惆悵，體現了他們的青春並沒有真正逝去。

直到參加了一次親師座談，很多硬毛才會被真正撫順。到那時你會意識到：生命從此刻開始清零，應該重新起跑了。

在座的，不管之前多優異、有多大成就、大學考了多高分、去過多少國家、手底下管多少人……只要往教室裡一走，周圍淡漠的眼神、不屑的態度、你算老幾的氛圍，一擁而上。

大家表情猙獰地扭動身軀，擠進逼仄的小課桌椅之間，坐在三歲孩子的凳子上，屈膝拱背一個多小時，再一次站起來時，就像沒完全進化的尼安德塔人，不太會直立行走了。

當看見老師把我兒子弄壞的三支小貨架掛在牆上醒目的地方，感覺這成了我們近三十年來最大的人生汙點。那時，孩子爸明白了一件事：**從此以後，至少在這個地盤，得靠小孩才能真正抬得起頭，直得起腰。**

親師座談的另一個啟示，絕對是一劑甜美的正能量安慰劑。

我一位中學男同學的女兒，和我家孩子在同一個學校。我上學那時候，班導是我的二舅媽。可想而知，我瞭解多少同學背後「不可告人」的故事。這位老同學光是被班導沒收的閒書就有五十多本，他媽媽因為被叫到學校約談的次數過多，後來和我舅媽成了閨密。

就這樣，一位當年非常不可靠、不被看好、被嚇唬「以後找不到老婆」的男生，長大後，談了十多次山盟海誓的戀愛，最後娶了一位賢妻良母，生了個漂亮的女兒。女兒從小是班級幹部，科科考第一……

這位老同學，人生的腰桿在親師座談會上硬了起來。他跟我們聊天，不念過去，不談未來，只聊自己家女兒。親師座談中，各科ＰＰＴ簡報上排名第一的那個名字，是他的姓，好奪目，好炫彩。

於是，親師座談可能也是很多人向世界證明「自己還可以」的舞台，給自己創造了一個平反的機會。

同時，親師座談有可能會降低家長對孩子的期許。

當看不懂黑板上那些「本學期主要學科內容」的時候，你可能會覺得，「同樣

坐在這個教室裡，我的考試分數可能只有兒子的一半吧！」轉念一想：「我那令人頭禿的孩子，早晚也會長大，也會像我一樣再次走進教室，以家長的身分面對這一切。到那時，不用我逼，他也能自主學習。不如靜待花開吧！」這麼一想，豁然開朗。

參加過親師座談的人，要麼焦慮，要麼喜悅。焦慮的往往是覺得自己優秀，孩子卻不怎麼樣；喜悅的一般是自己才半斤，孩子卻超過了八兩。是騾子是馬，親師座談見真章。

怎麼說呢？很多時候，中年人的無奈並不在於「感覺混得不好」。更多的無奈，是在終於度過了「沒混好的過去」，熬過了「混得一般的現在」，終於有點起色，準備「好好混一下未來」的時候，未來卻先你一步到來，給你一個很大的意外——比如一位成功人士被老師捉去灌輸育兒方式，批評「不會教孩子」。這……我們確實不會教孩子，誰不是第一次當父母啊。

而親師座談這樣的場合就顯得彌足珍貴。**在這裡沒有尊卑貴賤，只看你家孩子有沒有上處罰名單。親師座談也是一個檢驗真理的標準，到底有沒有兩把刷子，不看過去，不念將來，就看孩子在班上的情況……**

親師座談就像那個傳說中撞了你的腰的青春，以劇烈而急促的方式將你搖醒。別總以為會一直寶刀不老，總有一個瞬間會讓你明白，自己可能已經是把生了鏽的菜刀。

人成長最快的階段，就在還能參加親師座談的那幾年。

一起報補習班，是檢驗老母友誼的最高標準

有位媽媽說：「我暑假裡的這條命，是補習班給的。」

暑假快結束時，有人傳給我「下學期課外補習評選課表」，看看這名稱，像是皇室內部為我鈕祜祿十三姐祕製的開學驚喜大禮包。課表還分「方案一」和「方案二」，全攻略利弊對比、師資研究、水平分析，讓我選。

她順便還說了句：「知道你懶得研究，也沒空看，我都幫你規劃好了。」感人肺腑。

但大家都是千年的狐狸，我當然也猜到了她的內心戲：我們兩人的小孩上一模一樣的補習班，那我們兩人的可自由支配時間也就一樣了，比較方便攜手放浪江湖。這就叫「想姐妹之所想，急姐妹之所急」。

這年頭，姐妹想什麼、急什麼？什麼公司負債啊、舊病復發啊、髮際線後移啊、贅肉猛增啊、老公行蹤詭異啊，那都不算什麼。**解決所有和小孩相關的事，才是正事。能給我帶一天孩子的都是天使，能幫我管兩天作業的都是恩人，能替我把整個一學期的規劃都做好的，這不是別人，簡直是世界上的另一個我。**

這種優秀的中年老母，不光是哆啦A夢的口袋，還是蝙蝠俠的翅膀、蜘蛛俠的爪子、超人的內褲，一看就是安全感的象徵，只有你想不到，沒有她們做不到。

真正的好姐妹，不是帶你看遍普羅旺斯的紫，不是讓你盡覽馬爾地夫的藍。她們會帶你看看下個學期的課，叮囑你別忘了付錢……

一段難能可貴的老母友誼，就是從「說好一起，絕不幫小孩報名任何課程」的共同理想開始，從「別人都報，就我們兩個不報，是不是有病」的共同懷疑進階，從「她讓小孩上什麼班，我都知道」的互訴衷腸昇華，以「她不管讓小孩上哪堂課，都順便替我也報個名」的同舟共濟，以及「我不上的課，她也不上」的同仇敵愾達

到頂峰。

然而，鈦合金打不倒的戰友情再堅固，最終也大概將以「畢業各奔東西」告終，轉戰下一段生涯，尋覓新的戰友。

但這樣戲劇性的故事，不見得能發生在每位老母身上。還有很多是比這個戲劇得多的。比如我表妹，她兒子上三年級，她問班上的一群媽媽們，「到底要不要送小孩去補習啊？」

媽媽們說：「補什麼補啊。我們要讓孩子快樂成長！」

後來她被校門口發傳單的補習班老師拉進一個試聽群組。進了群組一看，哇哦，你說巧不巧，那些「快樂成長」的媽媽們居然都在耶！這場面搞得像老熟人聯誼，氣氛和諧。在這種情況下，大家心照不宣，禮貌地保持安靜，是為了他日可以體面地江湖重逢。

老母們之間的友誼，大致可分三個等級：

初級（占比約百分之七十）

淡水之交。參加親師座談時，見過彼此化妝後的樣子。家長群組裡複製貼上過對方的「收到，謝謝」。

這種基礎的友誼，不要去問學霸的媽媽，「你們都在外面上了哪些課？」她們的回答通常是：「沒有啊。我都不管孩子的。」

你問了也白問。

中級（占比約百分之二十五）

客客氣氣。一起參加過校內運動會、親子藝術節，加過群組好友。見面寒暄，除了問作業，沒什麼共同語言。

這種情況也不要去問尷尬的問題，比如：「你們家孩子有沒有報什麼班？」對方會告訴你搶新股必中的技巧和拍車牌必中的訣竅，但迂迴了三萬八千里之後，她依然不會告訴你孩子上了什麼班。

老母們也經常互相討拍，彼此禮貌性地吹捧，搭建不痛不癢的消息平台。

當然，如果你家小孩的成績比我家小孩好太多，友盡。

高級（占比不到百分之五）

成為死黨。線下常見面，見面必交心。從吐槽老公到互誇孩子，建立穩固的同理基礎，掌握各自的私密動向，互相介紹七大姑八大姨小舅子三姨夫成為生意夥伴。

最重要的是能一起研究補習班哪家強，一對一老師誰更棒，分享自家孩子的考試卷，考前補習衝刺題庫。你給她找語文名師，她給你找英語大咖，欣欣向榮友誼長存，最後達到一起報補習班的高度。

補習，聽起來很俗，但它扎扎實實地壓在老母們的頭頂之上，是逃不掉、避不開的重大話題之一。

做爸媽的和校外補習班之間微妙又詭異的相愛相殺，已經連綿了好多年。

好多曾經發誓「這輩子絕不送孩子上補習班」的家長，過了若干年後，瘋狂打自己的臉，付學費的動作嫻熟，眼都不眨。

最近**有位媽媽說：「我暑假裡的這條命，是補習班給的。」**她每天為孩子安排滿了大大小小的輔導課、才藝班，終於可以不用每天思考「今天怎麼過」了。

也有媽媽說：「要不是補習班，我的身體也不會這麼快和我的錢包一樣被掏空。」

過去：知識改變命運。
現在：課外知識改變家長的命運。

課外班一邊替家長續著命，一邊又把家長的身體都掏空。課外機構、安親補習，這些屬於這屆家長的專有名詞，和中年危機一樣依附著我們的靈魂，揮之不去。

所以你看，別管你本來焦慮不焦慮，只要跳進這片藍海，你就得被同化。

三大魔鬼挑戰：國小升國中、國中考高中、高中考大學，圍繞著這三大主題存在的補習機構不勝枚舉。

如果你的孩子在三年級，他們會告訴你「三年級是關鍵」；如果你的孩子在四年級，他們則說「四年級是衝刺黃金期」；等你的孩子到五年級，他們說「現在馬上拚一拚，還是有希望的」。等進了中學，每一年都是「為了考高中做準備的關鍵一年」。不信你試試。

所以，校外什麼都不學是基本不現實的。在這個基礎之上，老母之間的情報網和戰略合作優勢就凸顯出來了。這就是為什麼頂級的友誼，是以「連報補習班都替你想好了」為代表的。

我現在覺得，我都不是焦慮，是茫然。感覺像是周圍人人都得到了武林祕笈，拚命鑽研，而我只能在角落玩泥巴的那種孤獨感。

於是，和我同樣有孤獨感的老母們，都成了情比金堅的姐妹花，最後一起被命運捉弄，跟著一起去找武林祕笈了……

中年老母之間沒有廢話，每個字都是重點

媽媽們的交流，都是自帶濾鏡的。

有一次，我去朋友家看她的二寶。一進門發現她精神抖擻，健步如飛，一點也看不出是個剛坐完月子的二寶老母。

看來現在養孩子真的不怎麼累人啊，照表操課就行了。

保母時不時把孩子抱過來，「該餵奶了。」老母親行雲流水地接過寶寶，行雲流水地餵奶，餵完，行雲流水地還給保母，保母行雲流水地抱著又去睡了。就好像祕

書走進總裁辦公室，「這有份兩億的合約需要蓋章。」總裁知道這份沉甸甸的文件很值錢，但她也只是象徵性翻一下後簽字而已，問多了也心煩。

簽完字，哦，不，餵完奶，她又和我開始了下一輪的吃喝加八卦。

想到我兒子剛出生一個多月時，我那副手忙腳亂的模樣。如果有朋友來我家，我打開門便會說：**「你好，請你十年後再來找我，我現在沒空。」**

我明明是想來看看她二寶生活的雜亂無章，好讓自己高興高興。可我看到了什麼？溫馨的家庭場景，有序的生活節奏，不哭不鬧的小寶寶，一手包攬的專業保母，悠閒煲著雞湯、喝著茶的爸爸，把我帶來的牛排和沙拉橫掃一空不留殘渣，而身材卻已經恢復如初的二寶媽媽……

這……這不是氣人嗎?!

如此看看，養老二沒那麼混亂辛苦啊！我為什麼沒生？是我錯了嗎……

正當我開始酸了的時候，這位強撐倔強的二寶老母終於敘述起了自己的鬱悶。

「我想進城吃頓好的，我想出門游泳，我想把自己關起來工作，我想賺點大錢……但是有這個孩子在，什麼也做不了，唉……」

你看，**這才是一個中年婦女應有的素質嘛：秀完了幸福，必須立馬吐槽苦悶。**

這看似平鋪直敘的表達，無須推敲用詞，也沒有煽情、過度、鋪陳，但每個字都是重點，瞬間讓我恢復了愉悅，忍不住爆發出槓鈴般的笑聲。哈哈哈哈，幸虧我沒生老二啊！我不生老二實在是明智啊！你看你擁有這麼可愛的小寶寶，擁有會做飯的老公，擁有專業又俐落的保母……有啥用？有啥用？沒自由，有啥用？

哈哈哈哈哈哈！

除了自由，當然還有其他奇妙的小憂慮。

比如聊到二寶，你以為中年老母親會聊吃喝拉撒睡這種廢話嗎？不，**直接跳到三年後，開始展望新社交生涯。**

「我女兒上幼兒園時，我已經是個高齡老母了。」

確實。沒人家年輕，沒人家健碩，還要和一群可能相差十來歲的家長交朋友。那意味著她可能將要一邊和幼兒園裡有著巨大代溝的家長們，一起包粽子、布置書架、照顧小烏龜，以及演戲、跳舞、參加拔河比賽和搞復活節派對，轉頭就要馬上去和大寶的同班家長們研究國小升國中的戰略分享補習班資訊，以及攻克數學題。

這份切換力道真教人頭禿。

實際上，現在她就意識到帶大兩個孩子，總要分時段擇其重點，果斷地抓大放小。

比如女兒吐奶了怎麼辦？好的知道了沒關係，但我兒子作業太少了，回家沒什麼事做，這可太煩心了……女兒老是哭鬧不睡覺怎麼辦？好的知道了沒關係，但我兒子的業餘愛好令人迷惑，真的讓我苦惱……她跟我說：「唉，我兒子放學後，又要去打那個破高爾夫。這東西到底有什麼好打的？搞不懂為什麼要選這麼冷門又怪怪的運動……」

我能理解，這不是場面話，更近乎於某種庶民文體，是真的認為高爾夫沒意思，假會。但「兒子以及他爸喜歡」是一道魔咒，可以讓一切選擇變得充滿愛且正確。

她說，兒子有一天回到家告訴她，「媽媽，一起打高爾夫的同學約我去××場地打球。」

孩子爸立馬在旁邊補充道：「你知道嗎？那個××場地只有會員可以進，會費一年三百萬起跳……哦，我不是要你辦卡哦，我只是讓你瞭解一下。」就像祕書走進總裁辦公室，不動聲色地說：「隔壁公司總裁發給祕書年終獎金一百多萬……哦，我不是要您也發哦，我只是讓您瞭解一下。」

其實這聽起來很刺激。我甚至想問，能不能也帶我們進那個場地體驗一回。後來想想不合適，因為我們不會打啊。

我兒子長這麼大，也只有在和他爸爸一起玩電烙鐵時把錫球焊入電路板的瞬間，才體驗過什麼叫進洞的快樂。我家孩子他爸連三百塊的羽毛球會員卡都嫌貴，說在社區廣場打打，更能鍛鍊協調性。

可不是嘛，一直要去河裡撈球。唉，人與人的差距就是這樣了。人家不但有兩個小孩，還會玩高爾夫；我們只生一個的，卻捨不得辦張羽毛球卡。

但再一想，孩子很實在。雖然他在該接地氣的時候，選了一種高雅的運動高爾夫，但人家也在該高雅的時候，選了個接地氣的傣族樂器「葫蘆絲」啊！葫蘆絲的真善美沖淡了高爾夫的假會，構成了家庭育兒開銷上一次有效的對沖，並突然把一個更豐滿的大少爺形象支撐起來了。我覺得這真的不錯，很有個性。

可等我們聊完，她已經為我寫好了讚美詩。「人家的兒子會拉大提琴，參加過學校管弦樂團，也進過幾個大型音樂廳，還出國交流演出……但我兒子呢，選了個什麼葫蘆絲，呵呵。」

唉，其實我本來想表達的是，「我兒子會拉大提琴，參加過學校管弦樂團好多年，也進過幾個高規格的大型音樂廳，還出國交流演出……但這又有什麼用？上了中學，還不是因為學業緊張，忙得碰都不碰。」

所以啊，媽媽們的交流，都是自帶濾鏡的。我們會把能夠成為自己模範和激勵的那一面無限放大，把一些零碎的非重點自動剔除。

當你和一個老母親聊天時，你有權保持沉默，但你說的每句話都會成為對方的弦外之音，久久迴盪，無法散去。

就像我隨口說了句，「我準備在市中心買間老洋房過過癮，將來也可以給兒子住。」或許在以前，她會說：「讚哦！快帶我去看看。」而現在，身為一個突然有了女兒的人，她對我這句話產生了更為豐富的理解和遐想。「我女兒如果將來找了個擁有市區老洋房的男孩，會不會被婆婆瞧不起啊……」

果然，男孩的媽和女孩的媽之間，總有一條暗物質隔離帶，彼此在對方眼中多少帶了一點「親家」色彩，能在對方身上，找到很多未來應對親家的技巧和切入點。

當你和一個老母親聊天時，你有權保持沉默，但你說的每句話都會被對方視為徵婚條件，並聯想出好幾種結局……

如果你能認真聆聽兩位中年老母之間的對話，你會真的被這個場景感動。每一句話，在對方眼裡都是何等地被在乎、被認真理解、被賦予了很多附加價值，而這種被珍視的感覺，在我們老公那兒是得不到的。

比如我跟老公說：「你今天不把桌子收拾乾淨，就別吃飯。」到他那兒就只聽到了兩個字：「吃飯」。

只有在另一個老母眼中，我們的隻言片語，才能成為如考題要點般嚴肅的重點內容，被反覆品味、理解、斟酌、反饋，並能舉一反三、反覆琢磨，尋覓蛛絲馬跡，就像對待期末必考的高分題一樣。而每一句我們看來普通又平常的廢話，在對方眼中，可能就是一個可以改變她思路和方針的轉折點。

以前有人說「生不生老二，是夫妻倆共同協商的事」。我覺得片面了。生不生老二，很大程度上取決於你周圍的老母對你的影響。

老母之間相互的刺激、激勵、追趕、嚮往、推動，永遠是最濃重的影響。

「凡爾賽文學」，老母必修課

以最低調的言語，不經意地流露出「貴族生活線索」，表達最高調的炫耀。

「凡爾賽文學」，一夜之間火了起來。

什麼是凡爾賽文學？簡單說，就是以最低調的言語，不經意地流露出「貴族生活線索」，表達最高調的炫耀。

其實很多年前，凡爾賽文學就已經被精密區分過了，包括大家熟悉的「綠茶派」和「名媛派」，都是凡爾賽分支，只不過少了點文學性。這次經過各路炫富「名媛」

們的努力，終於讓文學回歸文學！更棒的是，也不侷限於「貴族」。就算你月薪兩萬五，也可以大膽地說：「好煩啊，又要發薪水了。上個月的兩萬五還沒用完呢！」

然而說到「炫富」這件事，小孩子才看「有沒有錢」，成年人只看「除了錢，還有什麼」。比如媽媽們，她們還有「小孩」。於是，媽媽們在這塊精神文明窪地，也終於有了開採的機會。

讓我們一起來見識一下，在中年媽媽界，那些「看了介意，不看難受」的凡爾賽文學範例。

第一類：「羨慕體」凡爾賽文學

• 「我兒子真的不聽我話，真的。一念書起來就不要命。讓他出去玩，他要生氣的。你們家兒子多好，活潑、自在、人緣好，羨慕啊！唉，小孩子成績那麼好有什麼用，童年都沒了！」

↓優秀回覆示範：「好啊，讓我家兒子去找你家兒子玩吧，保證幫他找回童年。」

• 「你家孩子都不用你煩心，也不大需要管。我真羨慕你那麼悠閒。你看我，天天被孩子牽住，這不，又被選上明天上台發言，後天還要領獎，我又得給她準備登台的衣服啊、鞋子啊。好煩，沒一刻安寧。」

↓**優秀回覆示範：「上次登台的衣服、鞋子穿不下了嗎？幾年前買的？」**

•「真羨慕你家小孩作文寫得好。我家孩子的作文不行。雖然數學、英語、物理都考全班第一，但語文扯後腿，總分才第二。唉，你們作文怎麼培養的？教教我。」

↓**優秀回覆示範：「你應該去問那個考第一的。人家畢竟是第一。」**

•「你們氣色真好。我不行，我晚上沒辦法好好休息。都怪我兒子，十一點半，作業早做完了還不肯睡，非要看書、非要寫自習卷，真是太影響我休息了！煩死了。」

↓**優秀回覆示範：「那建議你白天睡覺，晚上通宵陪他寫考卷。」**

•「你們的孩子都好成熟啊。我真的被我們家那個幼稚的傢伙氣死了，總是哭哭啼啼。這回期中考試，英語筆誤扣了兩分，沒能拿滿分，哭半天還打滾，太煩了。怎樣才能讓她成熟一點？」

↓**優秀回覆示範：「哭一次，揍一頓，很快就成熟了。」**

地方媽媽的基本素養：
秀完了幸福，必須立馬吐槽苦悶。

第二類：「擔憂體」凡爾賽文學

• 「女孩子長得好看真麻煩。我女兒動不動就說有男生告白，她也不懂拒絕，就直接跟人家男生說『別影響我讀書』！這麼白目，將來還不被心機女生們打壓得死死的呀！」

↓ **優秀回覆示範：「這麼白目，還有男生喜歡？」**

• 「總覺得現在孩子的耐挫力差。該怎麼給小孩培養點耐挫能力呢？考試和比賽都拿前幾名，連長跑都是第一，沒有經歷過挫折。以後入了社會，怎麼辦？」

↓ **優秀回覆示範：「現在就送進社會吧，準能受挫。」**

• 「兒子又多了一張獎狀。我們家一面牆都掛不下了，我只能藏到抽屜裡，很擔心孩子知道了會不高興，畢竟他把榮譽看得很重，這不太好。我老公說要不換個大點的房子吧，我說太大了，空蕩蕩的也不好。他說沒關係，如果嫌房子太大，我們可以再生一個。」

↓ **優秀回覆示範：「嚇我一跳！還好是換房。我還以為你要換孩子呢。」**

- 「叛逆期孩子到底怎麼管啊？好難。我就希望兒子健健康康平平安安，書念得好壞無所謂。偏偏他自己很在意，太好強了。大學還考了榜首。我叫他就在家鄉讀大學，反正畢業也是回家繼承家業，他偏要去北京讀清華。現在的孩子都這麼叛逆嗎？都不知道該怎麼教了。」

  →優秀回覆示範：「建議你再生一個，挫挫他的優越感。」

第三類：「雞湯體」凡爾賽文學

- 「孩子是用來呵護的，不是用來操練的。我從來不逼孩子，也勸大家不要逼孩子。我女兒今天很不開心，她哭了，鋼琴晉級沒得優等。但回家後她笑了，花式游泳二級運動員的證書拿到了，英文詩歌比賽也入圍了決賽，還有手繪漫畫得了二等獎，要送出去展覽呢！」

  →優秀回覆示範：「所以鋼琴有多少人得了優等？」

- 「每個孩子都是上天的恩賜，靜待花開吧。昨天孩子他爸爸帶他去剛承包的馬場學騎馬，一學就會了，玩了一天還不夠，不過耽誤了橄欖球訓練。但孩子的快樂

才是第一位的，不是嗎？」

↓優秀回覆示範：「是。反正橄欖球隊缺了他，一點問題也沒有。」

•「對孩子要有耐心，要管住脾氣。雖然這一點很難做到，但是我一直在盡力。我從來不對孩子大吼大叫。她上次那篇得獎作文裡說，我是天下最溫柔的媽媽，把我感動壞了。還有上次那個得了冠軍的英文演講，寫我的那段，也是主要寫我脾氣好、講道理。」

↓優秀回覆示範：「她會用數學函數來表現你脾氣好嗎？」

第四類：「連動體」凡爾賽文學

•「我家老二也不知道像誰，話多，被英語班老師選中去參加歌舞劇選拔了，一點都不像他哥哥。他哥哥是個悶葫蘆，在他弟弟這麼大的時候只知道看書，看一兩遍，就能口述五百字的作文。奇怪了，這哥兒倆怎麼一點都不像。」

↓優秀回覆示範：「還真是。不會有一個是抱錯了吧？」

•「我女兒糊裡糊塗這毛病真不能再慣著了！那天，我急著去接她哥哥放學，要她把車鑰匙給我拿出來。到了車庫發現她把Land Rover的鑰匙帶出來了。我說這是爸爸的車鑰匙，我的賓士車鑰匙呢？她愣在那兒發呆，氣得我接她哥哥又遲到了。還好老師幫我看了一會兒孩子，還讓他吃小點心。國際學校真的很貼心呀！」

↓優秀回覆示範：「上菜市場小學就不用開車接了。」

第五類：「抱怨體」凡爾賽文學

•「我老公從來不管小孩。賺那麼多錢做什麼？孩子上台拿獎的時候，他在嗎？出國遊學，連去哪個國家都不知道，領獎學金的時候，他還看不上那點小錢。呵呵，只知道砸錢。誰稀罕他那點錢！」

↓優秀回覆示範：「就是，這還不離婚，也太委屈了！」

•「我現在壓力太大了。老師動不動就找我，說請我去給家長們傳授經驗，讓我寫寫育兒心得。我哪有什麼經驗、心得。工作這麼忙，昨天剛從杜拜見了幾個客戶回來，今天馬不停蹄要參加學校家長會的活動，明天又要對著五百人做簡報。孩子

都說我累瘦了。」

↓**優秀回覆示範：「太不像話了。這學校不能待，退學吧。」**

•「現在的傭人真難伺候。我要她多練練說英語，她在上一家練的口語都不正統。我們家現在基本都倫敦腔，只有她是馬來西亞口音。我也沒要求她必須說倫敦腔，只要盡量貼近。但她說她做不到，不甩我，呵呵。」

↓**優秀回覆示範：「就是，這年頭真不能指望傭人。要創造純正的語言環境，你得給孩子換個倫敦老爸。」**

第六類：「比慘體」凡爾賽文學

•「我兒子帶病去考期末考。這次考試完蛋了，最後一題都是撐著做完的，第一次沒有得滿分。孩子回家都哭了（流淚表情）。」

↓**優秀回覆示範：「還不如不去考，得零分也就沒遺憾了。」**

•「我的白頭髮又多了。自從孩子被選上參加那個ＯＭ國際頭腦奧林匹克競賽，我經常熬夜幫他找資料，也不知道有用沒用，但老母親盡力了。我們就是這麼苦命，唉。」

↓**優秀回覆示範：「找的資料大概都沒用吧，否則不用一直找。」**

第七類：「自責體」凡爾賽文學

•「我真傻，真的。我以為課內語文、數學和外語都滿分就夠了，沒想到國中還要加考音樂、體育和美術。想當年，美術老師可覺得她很有天分啊，光成績好有什麼用……都怪我沒想周到，只讓她學了鋼琴，最高十級過了又怎麼樣，還是偏才啊！」

↓**優秀回覆示範：「當年美術老師看誰都覺得有天分。」**

聽到這些「凡爾賽文學經典」時，我們內心可能毫無波瀾，甚至淡淡飄出一句「呵呵」。然而仔細琢磨一下，中年婦女的「凡爾賽文學」多數是真情流露，藏也藏不住。用一句話來概括就是：**我也想低調，但實力不允許啊。**

•**「完了，體重怎麼又降了！要保持在五十公斤，不能再瘦了。」**

- 「真是年紀大了，全馬成績一塌糊塗。我還是去跑高原馬拉松吧，競爭對手少，排名比較好看。」
- 「每次剪頭髮，理髮師都說要幫我打薄，嫌我頭髮太多。好煩人。」
- 「我愈來愈懶了怎麼辦。每次躺在床上就不想起來。要打掃一百二十多坪的院子，光想就心煩。」
- 「買衣服太難了。哪裡有縮胸手術做得好的醫生？」
- 「你看我老公買的這破鑽戒。太大了，一看跟假的一樣。」
- 「結婚七年，果然愛情沒了。自顧自地給我買DIOR，我喜歡的那款ＬＶ說了好久，他沒放心上。我才三十多歲就沒了愛情。」

凡爾賽文學的奧妙，就在於所有人在這裡面是相通的。只要有人是凡爾賽的玫瑰，就有人是凡爾賽的肥料。誰當玫瑰？誰是肥料？別爭了，輪流來吧。

一個女人從社群朋友圈消失，可能只是因為她的孩子長大了

孩子還是小時候好，媽媽永遠是對的。

前兩天跟一位遠房親戚閒聊。她問我，「好像很久沒見你發兒子的貼文。他最近怎麼樣？」

嗯……怎麼說呢？我兒子挺好的，但不至於好到能昭告天下。他也有問題，但也不至於大到能發個通告。

小孩長到一定的歲數，性質就從「孩子」變成了「家人」。也許是我們開始尊重

隱私，更多原因是他脫離了「工具人」的功能，不再是能替媽媽的社會地位加分的小幫手了。哪怕偶爾想發文「凡爾賽式地」炫耀孩子時，我們都會先估量一下，別人家更優秀的孩子還低調著呢，我們高調個什麼。更何況他還沒什麼能拿出來現的東西。

孩子是一把雙刃劍。他能讓你成為社交場上一枝花，也能把你變成社恐卑微豆腐渣。

孩子一大，爸媽也跟著少了很多童趣。以前可以陪孩子一起裝瘋賣傻，貼文中布滿一家人其樂融融的溫馨場景。孩子大了之後，也不是我們不其樂融融了，只是煞風景的時刻也多了起來，而且隨機。比如在任何晴朗的好心情下，只需一句**「作業還有多少」**就可以泯滅踏實和安逸的關係，雙雙跌入現實。

總不能老發文嘮叨：「愁！作業還有一大半」、「誰知道如何火速提高作文成績」、「請問網路大神，怎樣讓孩子提高效率」……

再不行，就是勵志文：「比我家孩子優秀的小孩還在努力，我的孩子有什麼理由不努力」、「又幫孩子報了三個班，加油！」怎麼，你還想經營老母界的「安麗」啊？

所以有些事，不需要努力也能實現，比如「不再晒小孩」，我們絲毫不用克制自己，水到渠成。孩子長大這件事，很難在社交平台上有什麼具體進度表。當一個女人從頻繁晒孩子到不怎麼發有關孩子的文，這其中真不見得有什麼大風大浪，大起大落，大喜大悲。她很平靜、很自然、很順暢地過渡，因為沒太多新內容可以晒的，**她的孩子拒絕配合拍照了。**

孩子還是小時候好帶，真的，要珍惜。孩子小，帶到哪兒都是焦點，做什麼都有人遷就。

孩子不一定是維繫婚姻的紐帶，卻肯定是串起親朋好友們的紐帶。逢年過節，大家聚會本來沒什麼話題可聊，只要有個小朋友，全程可以擔任氣氛組：**來，背首唐詩好嗎？唱首歌吧？玩個遊戲怎麼樣？**

有天我就隨便跟五歲的外甥客氣客氣，問他，「你會背什麼詩啊？」

沒想到他一點也不客氣，「我給你背誦一首最長的，十六行的，古詩！」然後他斷斷續續、慢條斯理地開始背。等十六行全部背完，我手裡那杯可樂的氣都沒了，我微笑的臉也已經僵硬，但還要想出一些成語來給他講評和讚美。

雖然辛苦，但這全程十來分鐘時間，至少避免了和一桌大人十來分鐘的尬聊。但凡餐桌上冷場，就開始逗孩子玩，準不會出錯，多好啊。

但是孩子大了，可就不能這麼用了。餐桌上冷場，衝著那十來歲的兒子說：「來，給大家背個〈出師表〉好嗎？根據黃金分割比例，給大家算一下維納斯身高是多少吧？再為大家演示一下冷次定律怎麼樣？」——不能再這麼玩的。

倒不是孩子不會。而是……大人們根本問不出這些問題。

於是，有大孩子的餐桌上，大人能提出來的問題只剩下：**考試考得怎麼樣？作業做完了沒有？**

假期裡的貼文上傳是有規律的，熱衷於上傳「帶孩子去拜年」、「帶孩子去公園」、「帶孩子去賞花」的家長，他們的孩子，基本上平均年齡不超過八歲。小孩子的媽媽每天都會想：「今天去哪兒玩？」

大孩子怎麼辦？想為他製造新鮮感真的很難。過年放假這麼多天，我和兒子同時踏足的地方，最遠就是離我家不到一公里的圖書館。彼此都感到了仁至義盡。

我和孩子他爸晚上在書房裡翻看雲端的老照片和影片，他時不時發出感慨，「那時候兒子還是奶娃音，話還挺多。」

我也跟著感慨，「兒子一年級時就說過相聲，台詞功力堪稱天賦異稟。沒想到長大後，離曲藝界愈來愈遠了。」

我們兩個中年人回憶著兒子的幼年時期，搞得像七八十歲的老倆口想念遠在異國他鄉的遊子似的。但我們的兒子就在距離我們五公尺的房間裡，看著他的《傅雷家書》，彷彿在跟他爸爸遙相呼應。

孩子大了，讓人最不煩心的就是待在家。我還企圖敞開心扉，跟他從詩詞歌賦聊到人生哲學，最後發現還是從寒假作業聊到了寒假作業。以為孩子大了，我們能聊的話題多了，其實不是這樣。小孩子只是沒那麼犀利，只有當孩子大了，他才開始釋放你與他之間代溝的信號。

孩子一大，我們對自己也質疑和沒自信起來，時常強烈感覺自己落伍了，有時只是因為和兒子看法不一致而已。**孩子還是小時候好，媽媽永遠是對的。**

我開始意識到，能發文晒小孩的那些媽媽，正處在人生中容易放肆的一段日子。我們應該呵護她們的放肆，因為終有一天她們也會因為沒什麼能晒的，而體會到失落、沮喪、困惑。

我看過有人在孩子兩歲多時，常上傳孩子背誦唐詩和乘法口訣的貼文，一副天才

兒童的樣子。我很期待看著這個神童慢慢長大，成為菁英。可惜在孩子上小學後，她還是消失在社群朋友圈了。

但只有看著朋友的貼文中，別人家可愛的小朋友慢慢長大，我們才能意識到，自己家埋頭於學業的那個少年，曾經也是無憂無慮的小朋友；才能意識到他也還是個孩子，得多一點寬容。所以作業就這樣吧，做不完算了。

你看，媽媽就是這樣成長起來的。

第二章

媽媽分兩種，「自信的」和「盲目自信的」

世界上有三種人：男人，女人，家長。

家長可以不分雌雄，但在很多層面會因為孩子而被分類。可以依照「學習成績的好壞」分類——學霸爸媽VS.學渣父母。可以按「心態」分類——熱血家長VS.佛系家長。也可以按照「教育目標」分類——國內名校家長VS.國際名校家長VS.其他家長……

不當一回家長，很難獲得二次成長。

在這個圈子裡，有人發現了前所未知的新世界，有人見識了不敢想像的新天地，也有人結識了原本八竿子打不著的新朋友。

種種這些，構成了家長生存空間的多元性和扭曲性。他們時而傲嬌，時而懷疑自己，時而想放棄，時而又垂死驚坐起。每過一段時間，他們彷彿都要受到全新教育理念的洗禮，接受全新教育改革的磨礪。他們從中經歷困境，體會糾結；也從中彼此討拍，又相互廝殺。他們一起成為劇場裡前仆後繼的起立者，也一起跳進表面風平浪靜、底下卻暗流湧動的水中。

這是一場極其生動的人生大戲。只有當了家長，我們才能細細品味，好好渡劫。

媽媽分兩種，「自信的」和「盲目自信的」

你的小孩哪怕再普通，你也不會甘心讓他被貼上普通的標籤。

世上的媽媽分為兩類：

第一類，覺得自己的孩子天賦異稟，骨骼清奇，秀外慧中，必成大器。

第二類，覺得自己的孩子天賦異稟，骨骼清奇，秀外慧中，必成大器。**但在孩子上了一年級之後，感覺只剩下骨骼清奇；三年級之後就只剩骨骼了。**再過幾年就開始計劃生個老二，重新來過，但由於懶，沒生。

第二類還有一個分支，就是真的又生了一個，於是重複了一遍第二類的生活。

但總有一些人，你很難給她歸類。她可能始終不放棄自己是第一類的信念，也始終不接受自己是第二類的現實。於是在「一點五」類這個平行空間裡，追逐著不上不下的學霸地位。

比如這位留言給我的媽媽：

「十三姐，剛接到數學老師傳訊息通知，一年級第一次測驗結果，班上十四個孩子是一百＋10分，十六個孩子一百分。很不幸，我家小孩就是十六人中的一個。上週第一次語文測驗，孩子的分數是九十九分，而班上有六個一百分，她也不在最高分那一群。第一次測驗不應該都是滿分的嗎？我接受不了這樣的事實。能寫篇文章分析一下我這類媽媽的心理嗎？初為一年級家長，我實在理解不了孩子為什麼考不了滿分。第一次沒拿滿分，是不是就代表著學習天分不怎麼樣？」

我幫大家把這位媽媽留言的關鍵部分列出來了，看一下這位家長的邏輯：

・「**很不幸，我家孩子不是一百＋10分**」。

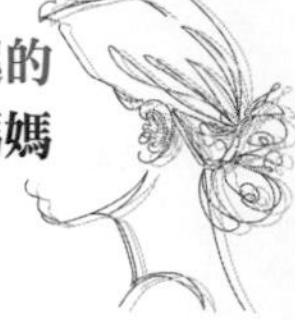

- **「我接受不了第一次考試得不到滿分」。**
- **「一年級不考滿分，是不是代表學習天分不怎麼樣」。**

字裡行間就是孩子讓她失望了。孩子在她的預期中，應該是最頂尖的那個。「為什麼會這樣？老天為什麼這樣對我？太不公平了……」

說真的，「一年級」對於很多媽媽來說，簡直是一門玄學。它可能是「母慈子孝」與「刀光劍影」的分水嶺。有的媽媽在這一年，信念完全被顛覆了，有的則在這一年戴上被一群家長羨慕崇拜的光環。這一切也沒什麼規律可循，好像全看造化。

每一個成年人，多多少少會在孩子上一年級時有所期待，情緒不穩定也是正常的。絕大多數家長都對自己孩子一年級的表現充滿自信，直到第一次考試成績揭曉。

需要「平穩度過一年級」的不是孩子，而是家長。

我覺得每位家長的自信，都是有道理的。比如我家雲配偶就總是對自己的數理化很有自信，導致只要兒子理科沒考好，都埋怨是因為我的基因扯了後腿。

但我也沒意見，畢竟對於兒子的作文、英語、藝術、審美、ＥＱ等許多方面，我也很有自信地批判他爸稀釋了我的優良基因。

你看，我們這種看起來很普通且愛互虧的中年夫妻，總是覺得自己比對方優秀，對方配不上我。所以每次有人問我「能不能只生孩子、不結婚」時，我都告訴她，「不能。那樣你就找不到出氣筒和背黑鍋的了。」

其實**無論什麼人，都在某種程度上迷戀自己，以及自己的後代。有了小孩，你就會更加明白，你的小孩哪怕再普通，你也不會甘心讓他被貼上普通的標籤。**

總有一段時間，你會覺得你的孩子是最好看的、最聰明的，一定是個神童。在學習上，表現失常進國內名校，表現正常進國際常春藤名校。只要他願意，稍微發揮超長一下就能成為人類領袖；萬一成不了，那一定是他淡泊脫俗，深藏功與名。然後你就千方百計去鋪路，只為不埋沒你家神童的天資和光采。於是你開始焦慮了：一個人類領袖，一年級的時候，考試居然只得了一百分，而不是一百＋10分，這真是人類的損失啊！當媽的能不捶胸頓足嗎？

自信通常由兩部分組成：一是天賦細胞，二是後天認知。

有人是天生學霸，有人則自認為是天生學霸。這位家長大概屬於後者。

她的認知就是一年級必須考滿分，否則就是沒有學習天分。

唉，她如果知道她十三姐夫三十歲才開始學五線譜，現在已經能彈卡農了，那她就不會因為一年級的第一次考試而如此焦慮了。

其實這些自信啦、焦慮啦，主要是因為一年級的考試內容太簡單了。到了高中一年級，她期望孩子考滿分的心態就會逐漸轉正，因為自己看不懂的東西，就沒立場要別人拿滿分。

以前我經常聽到這樣的抱怨，家長覺得自己孩子沒有頂尖，就不開心了。

但是，你的孩子為什麼必須頂尖？希望各位先摸著自己三截外翻且下垂的肚腩中的一截，想想以下問題：

- 我在公司裡的績效是不是每個月都第一？
- 我的收入是不是同齡人裡最高的？
- 我的身材是不是最曼妙的？
- 我做飯是不是最好吃的？
- 我的才藝是不是最出色的？
- 我的駕駛技術是不是最強的？
- 我的人緣是不是最好的？

•我找的另一半的基因是不是也最佳？

……

思考完這些之後，再想一想，你的孩子生在你這樣一個普通家庭裡，卻得擔負起「成為最棒小孩」的重任……好好想想吧，買一千張彩券也不見得能中一張，你才生一個小孩，就鐵定能中獎嗎？

各位媽媽，**世界上的人類菁英群體只占百分之二不到，剩下的百分之九十八照樣活得不錯，其中包括你和我。**

所以，先別老希望孩子成為人類菁英，我覺得先成為你們家的菁英是比較現實的。也別總覺得孩子背負著拯救人類的重任，我覺得你先能拯救自己才是重點。有力氣因為孩子的一兩次考試而傷春悲秋，不如多提升一下自己吧。先從自己這代崛起。

別老想著孩子的分數給你多少面子。得多考慮考慮你能給自己的小孩帶來多少面子，以及能留多少遺產。

百因必有果，你的媽媽就是我

不管你是仙女媽，還是虎媽，孩子對你就只有一個字：「愛」。

經常有一些人問我，「十三姐，你會揍小孩嗎？用什麼揍？」

這種問題讓人很難回答。我說不揍，你們會失望。我說揍，顯得我灌輸暴力。

當然，揍不揍這個問題本身也沒那麼重要，但關於**「媽媽和孩子的相愛相殺的關係」**這個話題，我覺得可以聊一聊。

我特別羨慕別人家那種慢條斯理的媽媽。她們在任何場合，對待自己的孩子都如沐春風，不知道怎麼修練出來的。

我兒子也偷偷羨慕過別人家的媽媽。他小時候曾形容過某個女生的媽媽是「神仙媽媽」。為什麼呢？只因為有一次，那女孩把可樂灑進筆記型電腦的鍵盤裡之後，人家的媽媽慢悠悠地飄過來問孩子，「哎呀，你們沒受傷吧？」然後，她選擇微笑著原諒電腦。

而我兒子得不到這種待遇。就算他喝白開水灑一地，也會被我當頭棒喝，「怎麼回事！你是漏斗啊?!」唉，想到這裡，我覺得我兒子太難了！但是他沒得選，就像我也沒得選一樣。套用一句話——百因必有果，你的媽媽就是我。

現在的孩子承受的東西，比我們小時候多得多了。如果我是他，未必表現得更好。

我在上幼兒園的時候，好像不需要學會整套拼音和數字一百以內的加減法。我讀小學一年級時，沒被要求能背出幾百首古詩詞。我讀小學三年級時，不會被要求解那些大人用方程式才會解的數學題。我上小學時，不會花幾乎大半個週末做帶動畫的ＰＰＴ，以及練習聲情並茂的演講。我在小學畢業前，沒有考過各種眼花繚亂的英語檢定和口譯證書，也沒有被要求在學以上這些的時候，還必須學一門樂器、會

兩三種運動項目，以及最好還學點尖端科技，以備未來不時之需……

我們小時候沒交作業，絕不會第一時間被爸媽知道；考試沒考好，至少還有機會塗改試卷上的分數；不會在小學就提前學國中的知識，國中提前學高中的內容。我們小時候，學校的課程就是教育的全部，現在連學個課外英語都要分成閱讀的、口語的、應試的、出國的。我們小時候，媽媽頂多會把「別人家的孩子」當成詩和遠方，只是樹一個虛幻的榜樣在那兒而已，而現在的爸媽，是真心把每一位被老師讚美過的王子涵、張梓萱、陳梓棟、徐子皓……作為實實在在的模範，來對比自己孩子眼前的苟且……

這屆小孩，真的比我們那屆慘了不少啊。縱向對比下，可能會覺得孩子比自己更優秀一點。

想到這裡，是不是會收住那隻準備抽過去的手？

當然，知道歸知道，我們心疼孩子一秒，不等於下一秒不會舉起手中的雞毛撢子。這可能就是**「道理我都懂，卻還是當不好一個媽」**系列。唉，失落是一定會有的，或早或晚，或深或淺。

我以前常告誡剛剛送孩子進入小學的媽媽們：

你們平時沒事的時候，別只知道罵小孩。要利用閒散時間學習做飯、煲湯、刺繡、製作甜點……

不要覺得這些小事是浪費你們的時間。當孩子全面超越你的那一天到來之際，當你放下讓你眼前一抹黑的語數外理化生時，至少還有能力為他做飯、煲湯，幫他縫縫釦子，為他做做蛋糕，以此來加深情感，並縮短你們之間的距離。

我有個朋友就很有先見之明，她去報了一門ＥＱ課。

我問她，孩子馬上要上國中了，她哪來的精力？

她說：「我用ＥＱ課學到的知識，去填補罵小孩之後產生的親子裂痕。亡羊補牢，為時不晚。等到有一天我不能罵小孩了，還能用在ＥＱ課上學到的『小女人之發嗲戰術』去贏得孩子的關愛。」

孩子不知道的是，媽媽永遠有一整套的戰略和戰術在安排，有完整的方法體系在等待。

一位朋友有一回跟我吐槽，她家一歲的孩子整天滿地打滾，黏著找媽媽玩，她快被煩死了。

我很嚴肅地對她說：**「六歲之前，養孩子就像養小狗，吃飽喝足、陪他玩耍就足够。六歲之後，你要用腦、用體力，用已經放下多年的學習熱情，甚至用生命，去帶一個孩子。」**

她聽完以後，瞬間覺得自己的孩子太可愛了，並決定好好珍惜這段寧靜的時光。

所以，親子關係這件事真的完全取決於媽媽這一方。孩子是無力選擇或反抗的，不管你是仙女媽，還是虎媽，孩子對你就只有一個字：「愛」。

姐妹們，想到這裡便應該放下雞毛撣子，立地成佛了。

親子關係，快活一秒是一秒，
我不說話，歲月靜好。

能文能武好家長，每逢佳節必上場

不能攜手滿足學校需求的愛情，就是一盤散沙。

我的一位朋友是很有主見的全職媽媽。為了讓孩子少做點作業，她替小孩選了一所以「素養教育」為宗旨的學校。

她逢人就說：「我們不揠苗助長，我們快樂學習。我們學校輕鬆愉快，家長在一起聊的都是快樂的話題！」這是九月份入學時，她的狀態。

如今，近四個月過去了，最近我們連她的人影都找不到。

前幾天聚會，她千呼萬喚始出來，跟我們說：「我忙得四腳朝天！尤其是最近！」

「你在忙什麼啊？」

「忙女兒班上的聖誕節活動……先不說了，我得去檢查聖誕活動的裝飾品，還要敲定活動流程和節目表。哦對了，要送給全班小朋友人手一份自製聖誕小餅乾，我的模具還沒買呢，都來不及了……」說著她秀出一張圖，「你們看看人家媽媽準備的，創意聖誕樹和薑餅。」

一張美不勝收的圖片震驚四座。

這讓現場一位還沒有小孩的妹子十分感慨。她說：「現在的小孩可真幸福啊。我長這麼大，都沒好好過過一次聖誕節……」

我安慰她說：「沒關係，趕快生個孩子吧。有了小孩之後，你不僅能好好過聖誕節，還能十分隆重地過萬聖節、感恩節、元宵節、端午節、中秋節、植樹節、重陽節等所有在你知識範圍內的節日……」

「是因為孩子們喜歡過這些節嗎？」

「不，因為你孩子的學校可能會在這些節日搞活動。」

所以說嘛，家長忙不忙，並不取決於孩子進什麼學校。奮進的家長忙著陪讀輔導

寫考卷，不奮進的家長忙著參加各種素養教育的活動。

總之不管孩子讀什麼學校，家長都得先成材。

至少每逢佳節，家長真沒法閒著。普通人過節就是字面意思，**家長過節是「孩子以及孩子所在的班級和學校，希望怎樣來過這個節」**。

別人的國慶日是國慶日，老母們的國慶日是製作國慶壁報＋指導「國慶日××之旅」的撰寫。

別人的勞動節是勞動節，老母們的勞動節是製作勞動壁報＋擺拍「我幫媽媽做家事」圖片及影片。

別人的音樂節是音樂節，老母們的音樂節是統計報名＋編排節目＋組織集訓＋籌建後勤組＋搞定壁報＋到處拉票。

別人的文化節是文化節，老母們的文化節是……是真的……必須很有文化才能配合學校過好這個節……

這些還是正常的節，家長們參與也就參與了。但總有一些運氣爆棚的家長，會碰到一些奇形怪狀的「過節作業」。

有個朋友說，在她兒子上幼兒園之前，她從沒想過自己會過「國際氣象節」這個節日……

就在那個節日的前一天，家長們忽然收到老師通知：「**請孩子們明天帶一樣與全球氣候變暖和溫室效應相關的作業DIY，形式不限。**」

她一整晚懵在那裡，不知道這個作業該怎麼交。後來孩子的爸說：「就帶一盆水，告訴老師，這是冰川融化後的結果。」

孩子有活動，一家全出動。孩子一過節，家長就渡劫。

人家每逢佳節倍思親，家長們是每逢佳節扒皮抽筋。

一到各種節慶和學校的大型活動，家長們都相當於找到了一個巨大的舞台，展現自己無處遁形的才華、超高的工作效率與超強的學習能力。

我朋友說，兒子的學校有一次為了慶祝母親節，宣布整個那一週不出回家作業，讓孩子們多陪陪媽媽。家長們喜出望外，感動至極！

當大家沉浸在這溫存慵懶的氣氛裡不能自拔時，突然！老師通知母親節要辦個小活動。

什麼主題？沒定。

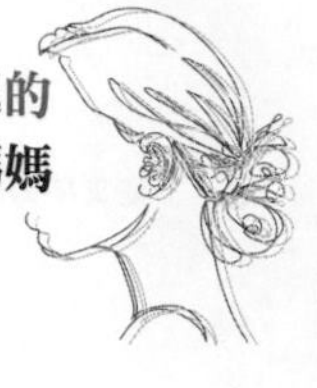

什麼形式？沒定。

什麼效果？隨便……

結果一群家長突然從沙發上蹦了起來，連夜召開緊急會議，決定不能讓自己孩子班上的母親節活動過得比其他班級寒酸！

於是，整個班級分工明確、有條不紊地開始了母親節活動大策劃，加班加點好幾天，製作ＰＰＴ、寫讚美詩、分小組排練、配樂、布置教室、做ＫＴ合成板……那陣仗比在公司裡參加優秀員工選拔臨時抱佛腳裝樣子的陣仗都大。做事之可靠、細節之用心，工作都沒這麼拚過。

各種傳統節日對家長來說還只算個起步，更鍛鍊人的還有各種各樣的學校活動、小隊活動、主題活動。

相信每個人的社群朋友圈裡總能出現那麼幾個優秀的家長，能雲淡風輕地用隻字片語描繪出他們可能掉了好幾把頭髮才搞成的各種高級活動，比如——

「學校要求小隊活動，老母親們三天內迅速完成選曲、練習、合唱，進錄音室錄製。媽媽們被訓練得能彈琴、能編導、能攝影，最後還要能剪輯影片，並把最終效果發布在網路上……」

「學校要求小隊活動。遠的不說了，上個月的主題是『珍惜糧食』。好傢伙，我們幾個老母親迅速託人聯繫到金山區的稻田，帶孩子們去割稻子，還要全程跟拍兼攝影師，並要做後期大圖修片師。」

「學校辦文化月，每個班分一塊區域，裝飾校園。我們班的一群家長從設計到採買再到現場布置，花了三天時間，終於把我們認領的那塊地方送上了好評榜的榜首！」

「兒子學校的運動會，競技場上比拚的不光是孩子，還有家長！開幕式上，老師要求做出『新穎、別致、孩子喜歡』的主題著裝，家長們喜羊羊、灰太狼、跳跳虎、維尼熊、哆啦A夢全上陣，可惜還是敗給了隔壁班『鹹蛋超人全陣營』的家長團……」

「學校舉辦世界文化週，展示各國服裝。家長們巧手齊上陣，從定主題到設計再到裁剪，全面展現家長才華……」

「學校的環保節服飾大賽，競爭異常激烈。我的『幫寶適包裝袋母女裝』和『氣泡袋秀場

裝』應該能得獎吧？」

還有些家長，二話不說就「承包」了學校的各種課，比如剪紙課、廚藝課、插花課，不是一次玩票，而是長期服務。

我有個朋友，孩子的學校每學期都辦一次義賣大會，她每一次都要為招攬生意，而在自己班級的貨架旁邊擺個攤，現做現賣。每次還不重複，從章魚小丸子到雞蛋煎餅，從鮮榨果汁到自製奶茶，在家不做飯的女人，一來到校園裡就成了明星大廚。

我一個同學，孩子上學後，她考取了心理師證照，然後進了家長會，每月出一期心理健康班刊，一期兩大頁，發給班上的每一位同學。在此過程中，她那寡言少語的老公——一位資深理工直男，負責幫她尋找案例和插圖、列印及影印，兩人的感情在工作中逐漸升溫。

你看，不能攜手滿足學校需求的愛情，就是一盤散沙。

感情正在變淡的夫妻先別急著離，不妨再等等。等小孩上學了，在各種活動中，你們攜手並進，在各類佳節中，你們共同進步。相信用不了多久，你們的感情可能會迎來第二春。

生了兩個寶貝的家庭，婚姻是不是看起來更穩定？那是因為所有節日和活動，他們都能過兩遍。

如果說第一次是不知山有虎，那第二次就是偏向虎山行，這樣的鏗鏘友情夫復何求，值得他們再生一個。

當代老母「迷惑行為」大賞

是孩子，讓媽媽變得獨具慧眼，
挖掘出了靈魂深處的各種天賦。

不當一次媽，絕對意識不到自己的戲路與天賦。不把孩子帶到高中畢業，絕對找不到自己的頂峰和底線。

比如我當年，為了讓五歲的兒子在英語拼讀班上不哭，跟外師深入交流了許久，沒能想出解決哭的辦法，卻和老師建立了深厚感情，最後還帶領二十多人的外師團隊玩遍了江浙滬。

看來，對一個媽媽來說，孩子上課哭不哭也沒那麼重要。媽媽因此發現了自己的另一種價值，這個挺重要的。

媽媽們的很多「迷惑行為」，都是以母愛之名開始，以自戀行為收尾。那些深藏不露的價值，往往都是在她們有了孩子之後才浮出水面。其行為的迷惑程度，超越你想像。

我有個女同事，有一天，把一個粉色頭髮的娃娃頭帶進了公司。這個娃娃頭無論放在哪個角落，都有辟邪的作用，晚上鎮妖除魔還防賊；白天，它則擔任模特兒的角色，用來給女同事「練手感」。

公司裡，有女兒的媽媽們利用午休時間，為使自己成為一個信手拈來的梳辮高手，開設了「髮藝速成培訓班」。甚至一些生兒子的媽媽也加入學習，技多不壓身，萬一參加學校藝術節當後勤，也能給女孩媽媽們幫上一點忙，贏得讚譽。

她們創造出不同的辮法，來搭配孩子的不同服飾，讓孩子在各種節日，以不同的髮型來展現風采，成為全班、乃至全校的「造型指導」。媽媽們分工有序，包括了創意設計、技術指導、後期製作等工種，專業度和執行力堪比美容美髮學校。

中式的、法式的、古羅馬式的、西西里風情的、波西米亞調調的，盡在掌握之

中。當幼兒園老師愉快地拍下她女兒兩週都不重複的腦袋，並且傳到群組裡表揚媽媽手藝的時候，她感覺人生到達了巔峰。

這種走火入魔的「浸入式學習」熱情，不分場合、不分時間地陷入新技能練習和新手藝學習的行為，就是當代媽媽的迷惑行為之一。

這只是一個初級階段。隨著孩子長大，媽媽們的迷惑行為層出不窮，與時俱進，並愈來愈高級。

有一陣子，我特別喜歡買粉粉的小東西。朋友們見我如此少女心爆棚，都很羨慕。但她們卻不知道，這些粉粉的小籃子和小筐，最後的歸宿是用來裝我的五金工具：鉗子、扳手、螺絲刀和電烙鐵。

養小孩使我成長。孩子的小汽車和鹹蛋超人，修修補補又三年，每年也能省下一筆小錢。

幾年之後，我除了電焊技能輸給孩子他爸之外，其他方面，水管、地漏搞得定，直流電、交流電分得清，榫頭和卯眼結構、鋼結構都能駕馭，隨時可以去考證照。每個來我家作客的人，都喜歡欣賞我的「少女感工具箱」，這最適合被稱為「中年媽媽雙重人格交會」的吉祥物。

除了我這種太武的，也有文的：抄《心經》。

前三十年碰都沒碰過的文房四寶，如今在家裡有了至高地位。

我朋友，臨床醫學出身。沒生小孩時，天天跟人講醫學理論、科學診治；有了小孩之後，對我說：「**你沒病，你就是被小孩氣的。**你抄經文吧。」

現在她經常上傳這類貼文，每晚用《心經》、《地藏經》、《妙法蓮華經》為大家帶來陪讀後，洗淨鉛華的靈魂升級，以獲得身心的大飛躍。

抄經文這種行為，歸根結柢只是自我調劑，還不夠刺激。

我有些網友媽媽們的動手能力非常強，幫孩子止血消毒敷藥的影片都發出來了，那手法、力道恰到好處，猶如一名行醫三十多年的老大夫。

然而，我們這些小技能還不夠「迷惑」，有超能力的還在後面。

我的朋友，她女兒生來就有一大特長：能吃。不但能吃，還對吃很挑剔。

媽媽太傷腦筋，天天就琢磨怎麼給女兒做吃的，怎麼讓她吃得舒服，簡直無法好好工作。於是她辭職了，挖了一位高級廚師，在家門口開了一家餐廳。

她從連煎帶魚都要戴面具的小姑娘，成為一名能掌勺滿漢全席的老闆娘。然後她

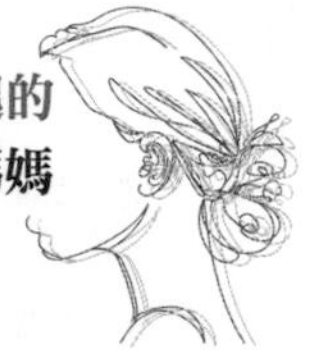

開始釋放自己的這種超能力，不管跟誰聊天，上來先教對方做兩道拿手菜。就連她的社群朋友圈也是一本詳盡的菜譜大全，她每天上傳分享各種食譜，傳授做菜祕笈。

這一切轉變，她只用了不到兩年的時間。

女兒上小學後，她還當上了營養師。現在全班、乃至全校辦活動和聚餐都去她的店，生意火爆程度堪稱當地一霸。

這「養小孩使我創業致富」系列的真實迷惑行為大賞，讓人嘆為觀止。

比這更令人拍案叫絕的還有呢。

前幾天，一位讀者告訴我：「為了有人陪我女兒玩，又不想生老二，我組了本地最大的兒童活動團體，團員從我女兒幼兒園的同學，發展到現在小學裡的同學，積累了將近三千人，從兩歲到十歲都有。」

迷惑不迷惑？一個原本養尊處優的全職太太，有了小孩之後，突然成了女性創業豪傑。最關鍵的是，幾乎不營利，還忙得團團轉，純圖一個「為了有人陪女兒玩」。

另一個媽媽，為了讓孩子上個放心幼兒園，自己在當地開了間幼兒園；後來孩子要學跳舞，她又開了舞蹈班。目前幼兒園有三百多名學生，舞蹈班五百多人，一躍成為教育界先鋒了。

是孩子，讓媽媽變得獨具慧眼，挖掘出了靈魂深處的各種天賦。

以前轉個瓶蓋都哼哼幾聲的。有小孩後，集超級黑手和資深老司機於一身，兼具活導航功能。一個漂亮的甩尾能胸有成竹地躲避測速照相，送孩子去補習班的路上從不落漆，技術之高明堪比《頭文字D》的秋名山車神。

以前咳嗽一整個禮拜都懶得吃藥。有小孩後，只要孩子打個噴嚏，就能分析出他是細菌感染、還是病毒所致。心裡早已經畫出了西藥化學分子式和中藥病理成分圖，該吃啥藥、一天幾頓，倒背如流。

以前連週末去哪兒玩都懶得想。有小孩後，孩子的十二年教育規劃、家庭資產配置五年計劃、動產及不動產的管理流向等，盡在掌握。

以前買菜都不問價。有小孩後，為了搶優惠，專門加入各種群組，討論CP值，分享得第二件半價如同撿到了鑽石。

以前有社交恐懼，出門都戴口罩。有小孩後，成了社交名媛，和班導、各補習班老師、各大育兒群組管理員，建立了異常堅固的塑料友誼，好話說得天花亂墜也臉不紅氣不喘。

以前篤信科學，是唯物主義代言人。**有小孩後，只相信世上兩大永恆：「仙氣」支撐我的肉體，「不生氣」拯救我的靈魂。**

中年媽媽的迷惑行為，是一本永遠讀不完的奇書。

別惹中小學生家長，他們學習起來，自己都怕

人生很難有快速重生的機會，除非成為一名家長。

十三姐夫是一名數學愛好者，並常常引以為傲。比如每當我想叫他洗碗、拖地、倒垃圾的時候，他就會說「我在做題啊」，字正腔圓，趾高氣揚。在我們家裡，只有說出那句魔咒：「這一題怎麼做」，他才會瞬間從廁所裡跑出來。而我，也只有在聽到那句魔咒：「這個字怎麼讀」時，才會慈祥地飄到他們面前，一家人整整齊齊，學習。

大家各自為樹立在這個家裡的地位，而不斷努力著。「學無止境」這件事，從小就被洗腦，但只有在當了父母之後才真正明白，並融會貫通。甚至**有些東西，你並不清楚為何要學，但就是莫名其妙地學會了**。比如：「各種恐龍生活在哪裡？分別叫啥？體重多少？屬於哪個時期？」

奇怪的知識增加了。

這些知識正證明，好多家長不見得是真的愛學習，只是被迫營業，但贏在了演技好。

「保持學習狀態」是成年人的擋箭牌，是為人父母最後的倔強。

中小學生家長每天能有二十五個小時。完成一天的所有事之後，似乎還有多出來的一小時，來完成生命不能承受之輕——學習，學習，學習。

注意，不是陪孩子學，是自己學。

有個女性朋友在網路上貼出這樣的疑問：

「感覺時間真是緊迫。哪怕不加班，五點半下班，到家七點左右，做飯、收拾、散步、倒垃圾，做完已經八點，運動＋敷面膜到九點，洗澡、洗衣服、滑滑手機就十點了，然後看會兒書，就快一點了。要是家裡再有個孩子，我的天，那要幾點之後才能有自己的時間呢？伺候他吃、喝，給他洗澡，哄他睡覺，上學了還要教他功課、親子作業ＤＩＹ什麼的，簡直太沒有自己的時間了。那些又當辣媽、又帶孩子、又自己創業、又讀書念了個史丹佛什麼的，到底是怎麼做到的？簡直是神。」

我挺想告訴她，那些有小孩後，又創業又讀史丹佛的，大概是為了獲得正當理由不用帶孩子。所以當了媽之後才會明白，學習也是中年人的保護傘。

但畢竟創業當女老闆又讀史丹佛的是少數，大部分家長還在義務教育中掙扎。同時，作為素養教育的漏網之魚，當年欠了的債，現在都得還。

有一次，兒子帶回來一項音樂作業：用裝水的容器敲出樂曲。他翻出了家裡所有的碗，實驗了大概一百次！經過仔細研究推敲和不斷反覆試驗，最後！終於！來找我求助了。

我教了他轉調、轉寫、調音等一系列專業操作，手起刀落，作品出來了。

媽媽們問我：「這個難嗎？」

我告訴她們：「不難。你只需要懂一些物理知識，再懂一些樂理知識，再擁有一些專業設備比如鋼琴和調音器什麼的，並且捨得浪費水……就真的不難……」

她們躍躍欲試。雖然學習能力很強，但不爭氣的是家裡的碗。

一個老母說：「我家的碗太厚了，最高音不夠高。我馬上就上網訂了一組新碗。」

那麼，如何向賣家描述自己要買什麼樣的碗，就是一大難題了——

「你好，我要買一組碗，空碗的音高要小字一組的G，裝滿未經過濾、含礦物質的自來水後，音高是小字一組的C……」

也許賣家聽完就羞愧難當，棄店而去了。

在一個為了和孩子比肩、不斷培養自己綜合素養的家長面前，所有人都能瞬間黯然失色。他們比任何身分都更多元，比所有角色都更多變，這就是中小學生家長。

來學習，你怕了嗎？

學習，不但是家長自我成長的唯一途徑，更是獲得存在感的最佳手段。只要表現出一副時刻沉迷學習、不可自拔的樣子，就很容易贏得友誼。

當然，**如果表現出沉迷學習不可自拔，但怎麼學也學不好的弱雞樣子，那麼人緣**

就會更好。

老母們平時上傳一張Ｐ了半小時的美照，也許只能收到二三十個「讚」。但你發個數學題求助，瞬間就能有一兩百則留言，一則比一則聰慧。

這屆家長深知學習在生活中各方面的必要性，所以有時不得不硬著頭皮上。

我認識一位媽媽，聽說小學課程將有變化，她先自己去報了一堂Scratch動畫程式課程。下班後帶兩個孩子，還要交電腦編程作業，經常被老師催交，彷彿又找到了大學重修高等數學的快感。

有人為了不讓自己的英語程度被孩子趕過，有自覺地努力學英語，見縫插針。打開他的手機，映入眼簾的除了入門款的背單詞ＡＰＰ，還有高階的原版閱讀ＡＰＰ。這位兄台如果當年也這麼認真，可能已經以「IELTS雅思」滿分九分的成績笑傲江湖了。看著現在如此認真的他，誰能想到背後隱藏著一個當年初級考了三次都沒過的英語渣？

這些已經不重要了，重要的是活在當下。

當你以為一個中年人捧著手機，是在玩遊戲、看影音、買買買的時候，其實他們可能正在鑽研少兒繪本、少兒英語、少兒書法、少兒配音、少兒心算、少兒學習方

法啟蒙指導……

人生很難有快速重生的機會，除非成為一名家長。

其實大多數家長，還沒意識到自己學習起來有多狠。當他們意識到的時候，都能把自己嚇一跳。

許多學書法的小孩，家裡都有一位一直在打怪升級的家長，自己會從字帖一・〇版開始，一直練到四・〇版……

許多學圍棋的小孩，家裡都有一名天資聰穎但開發過晚的家長，深入瞭解各高段棋士，連圍棋大師吳清源逢戰必讀的《道德經》也成了該家長全新的生活寶典……

許多學英語的小孩家裡就更別說了，肯定有一個不是北美口音，就是倫敦口音的家長。

那些隨著孩子長大而不斷提高的作文要求，從四百字到六百字再到一千字，家長在各種寫作手法的摸爬滾打中，提升自己。為了積累好詞好句指導孩子，每天默背五十條名人名言，以備不時之需，最後一張口都是心靈雞湯。

家長自我學習，肯定是有好處的。好處之一就是當你發現自己什麼也沒學好的時候，對孩子也就不會那麼苛刻了。壞處是萬一你學好了，就覺得這孩子太笨了一點都不像我。

但反過來想，**孩子學不好也沒關係，大量的潛力都留到他以後自己當了家長再挖掘，為時不晚。**

一億家長正在假裝有文化

身為媽媽，
暴躁恐怕就是融入血液中的一種母愛的體現吧。

二〇二〇年，我看到了一組關於「全中國陪做作業家長」的統計數據：「**約四・五二億家庭中，有超過一億的小學生，超過七成家長每天陪孩子寫作業的時間超過兩個小時。**」

我掏出計算機，仔細分析了一下這組數據。

有一億小學生，算上兩個小孩的家庭和三個孩子的家庭，少說也有一・五億小學生家長吧。那麼，七成就是差不多一億左右——也就是說，這一億成年人每天晚上要花兩個小時，投身到小學知識海洋裡不能自拔。多麼宏偉壯麗的畫卷啊！

這些陪做作業的家長，湊到一塊兒相當於一個俄羅斯、兩個韓國、五個斯里蘭卡、三千多個摩納哥……如果把他們集中起來，一億家長可以填滿北京、上海、廣州、深圳、重慶五座城市。

想像一下，一到晚上，萬家燈火，全在用功，你將會被驚豔到：大城市裡，所有人都捧著一堆小學作業，一億人同時苦惱又焦慮、發飆怒吼、拍桌子跳腳。你覺得這場面震撼不震撼？從月球上俯瞰地球，能看到宏偉的長城、古老的金字塔，以及正在陪讀的一億家長。

這項調查還說：**在輔導作業這件事上，媽媽往往是主力軍，爸爸次之。而有八成的媽媽，每天在輔導作業的時候，都十分暴躁。**

就算一億陪做作業的家長中，只有六成是媽媽，而其中有八成的脾氣不好，那麼，就有四千八百萬的媽媽，每天晚上都在暴躁中度過。如果把她們組織起來，放到聖母峰上去發飆，喜馬拉雅山可能會瞬間雪崩，甚至被夷為平地……這場面，你怕了嗎？

對於暴躁陪做作業，別想得太悲觀。大多數媽媽的暴躁和易怒，都會隨著時間推移而逐漸好轉，直至自癒。因為孩子年級愈高，媽媽陪做作業的情況也變得愈少。等孩子上了國中，這一億人會馬上縮減到五百萬，因為九成五家長已經厭倦了作業、看不懂作業。

到了孩子上高中，真正能坐在孩子身邊，認真陪做作業的家長，可能會縮減到只剩一萬人。而另外那百分之九十九・九當年盛氣凌人的家長，開始有自覺地迴避，因為他們不得不給孩子自由。他們不想因為看不懂題目，而被孩子趕出房間。到了那一刻，他們內心只剩一句座右銘：**作業很高貴，我不配。**

大家應該敬佩的是最後那一萬人。他們陪做作業大多是「浸入式」的，基本上都是自己找快感，整個人生都在不斷地自我反芻。

至於那些陪做作業時，態度惡劣的，他們大概只能在小學作業上發威，所以能量釋放比較集中，對身體的損傷也更猛烈。這些正在假裝有文化的暴躁家長，應該更被關注。賣生髮產品的、賣保健品的、賣保險的，可以把關懷重點放在這群人身上。

小學生家長暴躁，那是本能驅使，基本上沒有什麼技術含量。

國中生家長暴躁，至少說明他有參與學習的資格，多多少少有點知識分子的底子。

高中生家長如果還能暴躁的話，那別管三七二十一，先敬你是條漢子，還能找到合適的發飆點。

孩子年級從低到高的成長過程，正是家長姿態從高到低的滑坡歷程。

我身邊的很多高中生家長湊到一起時，切磋的話題是：如何幫助孩子調整心態；怎樣讓孩子放鬆；什麼湯更有營養；最近有什麼戶外活動，可以一起去參加……只有小學生家長才會神氣活現地說：「氣死我了！還有什麼補習班能報？」

暴躁家長在發作的時候，永遠以為自己是宇宙之巔，說的全都對，做的都有理，還覺得自己無比偉大，並為自己正在為之衰退的身體而唏噓。

儘管如此，無法遏制暴躁的時候，我們還是放自己一條生路吧。該發的火還是得發，畢竟憋著，更容易憋出毛病。

身為媽媽，暴躁恐怕就是融入血液中的一種母愛的體現吧。

但過幾年之後，大家就會嘲笑下一批以為自己在宇宙之巔的家長：幼稚、低級，呵呵。你的孩子算不對加減乘除、拼不對單字、讀不對生字，這有什麼好暴躁的啊。**只要默念「再過幾年就該他教我了」，你就會對孩子產生一種微妙的尊敬。**

我認識一個媽媽，她甚至能找出孩子化學作業裡的錯誤！但她依然很低調。她告訴我，**在陪做作業之後，她偶爾會喝酒解壓。**

這大概就是醉生夢死型陪讀吧。

於是我就想，比我厲害的媽媽陪讀，都尚且需要喝酒解壓，我還有什麼理由不膽怯呢？於是，對於偷懶逃避陪讀，我愈來愈坦然了。

在那些撿來的時光裡，我能每天花五分鐘多讀書、多看報、多學習、多思考，再花一小時多吃點甜品，真的脾氣好了很多。那泛著油光的髮際線上，彷彿又長出了小絨毛。

這位家長，除了加減乘除，你還會什麼？

自己都不會做的題目，我們裝看不見，才是自救之路。

有一陣子，我家孩子爸一反懶散常態，突然一頭鑽進了知識的海洋，喜歡拿兒子的難題來挑戰自我。

每天晚上總有那麼一剎那，是他拷問靈魂的時間。他坐在家裡的小白板前面鑽研難題，冥思苦想，抓耳撓腮，沉溺在知識的海洋裡無法自拔。等他想上岸的時候，才發現一半是海水，一半是沙漠，要麼淹死，要麼就鑽個洞把頭埋進去，當一隻油

家長與孩子輔導「學習共生」關係表

	小學階段	國中階段	高中階段
家長	對知識體系駕輕就熟，對待孩子脾氣暴躁，連吼帶罵。	節奏開始紊亂，著急上火。得偷偷翻資料，才能輔導孩子。	乾瞪眼，連題目都看不懂。退居二線，甘當保母。
孩子	委曲求全，一聲不吭。	在一次次的失望中，摸清了父母的文化水平。	獨立學習。學習已經和父母沒關係，他們是文盲。

膩的鴕鳥。幸好，每一次他都化險為夷，最終把題目做出來了。

這位名校畢業的理科高材生，時常流露出一絲焦慮：**孩子才小學，我就已經把半條命賠進去了，掐指一算，未來還有八九年的時間要陪兒子拚殺。我這條老命，不知道還能不能撐到兒子考上大學啊。**

然而我心裡有數，陪讀是一場耗命戰役，普通的家長一年一條命，綽綽有餘。

因為糟糕的情況並不會愈演愈烈，會在達到一個峰值之後就回歸平和。這個峰值基本上是在升國中階段。

你也許無法理解。我做一張表給你看，你看了可能就明白了。

右邊這張表告訴我們，大多數家長只有在小學階段陪讀時，才容易情緒暴躁，擅施淫威。那是因為他們的知識程度有限，小學知識還能應付。到了國中、高中，還能教孩子功課的家長愈來愈少。你見過幾個當爸媽的能隨口咆哮出「冷次定律」、「布林代數」、「閉曲面分類」？

不客氣地說，很多家長，除了加減乘除，什麼也不會了。

還記得兒子剛上小學的時候，我陪他念書的積極性也非常高，發誓打破「陪讀是一種可怕體驗」的江湖傳聞。然而，故事的發展極具戲劇性。此後的一兩年中，我無法自控地出現頭痛腦熱心悸等症狀，最常做的事就是拍著桌子大吼，吼完，再陷入無盡內疚之中……

可是，自從兒子升上高年級，學了一些有難度的東西，我對他變得愈來愈溫柔。比如有時候他迸出一兩個英文單字，我得想半天才反應得出是什麼意思。我這樣一個掌握多國語言的高材生，已經感受到了兒子的威脅。於是我欣喜若狂地對他又摟又抱，「哎喲，我們兒子有出息啦！懂的比我還多，已經能去國外獨立生活啦！」

大多數家長在對待孩子學習這件事上，都會逐漸由粗暴轉變為溫柔。低年級的知識，還能運籌帷幄；高年級的知識，只能放任自流了。

自己都不會做的題目，我們裝看不見，才是自救之路，否則衝上去硬要教，結果發現自己比孩子還笨。我們不要面子的啊！

最破壞親子關係的事之一，就是我輔導孩子學習。

而最能挽救親子關係的事之一，就是孩子輔導我學習。

尤其是到了國中和高中，家長們基本已經完成了由凶悍的「棍棒式父母」向賢良淑德的慈母慈父轉變的過程。

但是，這又出現了一個小問題：家長的脾氣是沒了，孩子的脾氣卻大了啊。

我見過好多國中生，尤其是準備考高中的孩子，脾氣都很大。學業壓力已經很重了，父母稍微有點囉嗦，孩子就發脾氣。

更重要的是，孩子覺得你們現在既然教不了我，又對我管東管西的，心裡很不是滋味。

我有一位朋友是數學老師。我總覺得老師的孩子，成績一定不差。誰知道，她的兒子成績一直不慍不火，尤其是英語扯後腿。

如朋友所言：「自己的孩子，自己教不了，還沒說三兩句就想揍人了。這種學習氛圍太不安全，也不和諧。兒子常說：『這麼難的東西，做錯很正常啊。難道你都會做？媽媽，你一個小學數學老師，懂什麼國中英語啊？』」

結果，他兒子每週要花幾個小時，去別的老師家裡補習。

試想一下，在某個週末的早晨，你發現兒子精神不振，目光呆滯。你問他在想什麼。他說：「我在想，鎢酸鈉結晶加水溶解後，再加入鋅和稀H_2SO_4，反應生成一種藍色氧化物且沒有H_2產生，如果用酸性溶液滴定這種藍色氧化物，完全反應後，共消耗酸性溶液二十四毫升。這個藍色氧化物是什麼呢？」

此時，你能說什麼？你敢說什麼？你們將會陷入一種詭異的氣氛中。孩子帶著失落又委屈的表情，「唉，**反正你們也不懂**。我去問同學吧。」

一想到這裡，我的教育觀受到嚴重錘打。不是說「父母是孩子最好的老師」嗎？要當好這個「老師」，必須從小學開始回爐重造，否則半途自己就先輟學了，還怎麼當孩子的老師啊。

大家不由得感嘆：**我們當父母的，在小學階段還能應付的時候，多發發脾氣。不**

然到了高中，真的是都要被孩子吼回去的。

正所謂，出來混，遲早是要還的。

已經黔驢技窮的家長們，熱衷課外輔導，從來都沒停過。每到週末，大街小巷都是無可奈何的父母和精疲力竭的孩子，一個個面無表情，如植物大戰殭屍一般殺進各大補習班。這是一種多麼費力耗時又破壞感情的事啊！

孩子需要的是一位可靠的「家庭教師」，一個全方位解決孩子的學習和心理問題，並且不需要耗費大量時間，就能高效提高學習成績的好「老師」。

我們等待的不是開學，
是優雅的重生。

當倔強老母遇到叛逆兒子

身為家長，無助的最高境界是：不是我不陪孩子念書，而是我想陪他念書的時候，根本插不上手。

詳細說一下這件倒楣事，好讓大家再多開心開心。

我兒子期末考的作文離題了。他以駟馬難追、當仁不讓之勢，把作文寫得非常自嗨並離題，直接被扣了一半的分！哈哈哈哈，怎麼樣，開不開心，欣不欣慰？

這篇駟馬難追的作文是怎麼寫的呢？

題目為：〈**閱讀讓我×××**〉——半命題作文，簡直是送分題。看到這個標題，我心中燃起了熊熊火焰，數百篇滿分作文在我腦海中前呼後擁。

拿起兒子的作文題目一看，人家寫的是〈閱讀讓我大開眼界〉。也行啊，也可以，也不錯。然而，從標題之後的第一行開始，他就不是那個狀態了……

「這幾個月，學校的讀書節熱烈開展，各種活動異彩紛呈，同學們踴躍參與，絡繹不絕，爭先恐後，讓我大開眼界。」

您這是參加成語大賽嗎？

看到這兒，我懂了，十分已經沒了。

「最熱門的活動莫過於辯論賽。精心設計的辯題，有面對性格迥異的君主的選擇，有遵循前任還是獨闢蹊徑的人生規劃，還有對鳳尾還是雞頭的判斷。選手們唇槍舌劍，引經據典，奇襲規則與幽靈選手，都使人為之一驚。」

成語大賽冠軍出線了。但是您到底為之一驚個什麼啊，請問？一百多字寫完了，閱讀的主題還沒出現呢。看到這兒就知道十五分已經沒了。

接著，他又繪聲繪色、如臨其境地描繪了一場又一場讀書節的活動。詞彙量倒挺豐富，就是一句都沒提**「閱讀」**，也沒提**「我」**。要是改個標題「一次難忘的讀書節」興許能獲獎。標題一共八個字，其中最主要的四個字都消失了……

文章的最後，以硬邦邦的小學生式感嘆句收尾：

「讀書節，既讓人看盡選手英姿，又讓我瞭解各種新知，真是精采萬分，大開眼界！」

深情點題，終於把跑掉的題給重重地點了一頓！這是在提醒閱卷老師：請注意，我寫了半天都沒點題，但是我用大師筆法把讀書節活動描寫得繪聲繪色，令人嚮往，字裡行間都呈現了團結緊張嚴肅活潑的氣氛，多少也給點人道主義分數吧？

呵呵，寫別的不行，離題第一名。

我拿著這篇千瘡百孔的作文對兒子說：「你寫作文，不用看著標題寫嗎？」

他說：「我覺得我寫得挺有特色的。」我竟無言以對。確實有特色，特色就是離題。

我說：「你這個暑假，就跟著我來練習寫作！」

他說：「**我覺得作文是一種很自我的東西。**」

WHAT?

呵呵，孩子大了，哲學思辨能力和他爸爸一樣強。真是寫別的不行，離題和叛逆並列第一名。

當你拿起你家小孩那蹩腳的作文朗讀一遍，先別急著說孩子，在心裡默默想一想我兒子那十分有特色的作文，你是不是會忽然覺得自己的孩子還挺優秀的？一瞬間家庭和睦了，親子關係融洽了，整個暑假熠熠生輝了。

然而，作文離題這件事發生在我家……用孩子他爸的話來說：「難以啟齒，難以啟齒。」

一秒鐘之後，他趾高氣揚地佇立在我面前，對我說：「你看，我教的數學，考得不錯吧。你再看看，你教的作文，嘖嘖嘖……」

唉，這件事他能循環播放一個暑假。但這能怪我嗎？作文寫不好不是我的錯，是孩子他爸稀釋了我優良的文學基因，導致兒子不開竅。我跟孩子的爸說：「看來暑假要猛攻作文了！」

他以溫柔的餘光瞥著我，「**暑假就是用來玩的**。玩好，作文才能寫好。」呵呵，

果然不出所料，他的至理名言又出現了——暑假就是用來玩的。

沒有錯，論叛逆，孩子他爸真是一枚鼻祖。

放暑假，一般老母都要關照孩子幾句注意事項。但我通常是先關照孩子他爸，畢竟他心裡住著一個叛逆少年，平時就不走尋常路，寒暑假尤甚。

在兒子放假之前，我對他老爸宣導一下「假期三條硬規」：

(1)不得宣揚「放暑假就是應該玩」的理論。

(2)不得誘導孩子把作業堆到最後一週再做。

(3)不得在孩子面前跟他媽媽唱反調。

放暑假之前，我把這三大方針列印出來，一式兩份。

然而，出發點是好的，執行力是差的。孩子他爸能做到的極限，頂多是配合應聲。

我語重心長地對兒子說：「你先抓緊時間完成暑假作業。」

孩子他爸：**「嗯，對！」**

我：「早點完成作業，你就可以多讀讀課外書，追過人家。」

孩子他爸：**「沒錯！」**

我：「做事不能拖。早做完，早解脫。」

孩子他爸：**「可不是嘛！」**

我：「你媽我小時候，暑假作業只花兩個禮拜就完成了，後面一個半月只剩下玩。」

孩子他爸：**「就是！」**

說完這些，感覺兒子若有所思（**和以前每一次暑假之初的表情一樣**）。但我覺得他只是若有所思而已，並不一定真會聽我的（**和以前每一次暑假結束時的混亂情況一樣**）。

我話音剛落，偉大的相聲表演藝術家孩子他爸拍拍兒子的肩膀，說：「走，我們先出去騎車晃晃。」

你看，孩子不貫徹，老爸不落實，我一個人念叨，常年獨孤求敗。

我覺得在這個家裡，我代表著國家的教育方針、百年大計，代表著人類進步的方向。而孩子他爸，永遠扮演著那個叛逆少年。

這個叛逆少年，十幾年了，一直沒有脫離青春期。

・十年前，天氣嚴寒，我要替孩子加件衣服，以防著涼，他都要叛逆。**「小孩子要多冷一下，多著涼幾次，不就習慣了？」**

・上了小學，孩子寫作業拖拖拉拉，被我教訓，他也要叛逆。**「作業有什麼好做的？考試能考出來，不就得了？」**

・升國中前夕，我焦頭爛額，憂心忡忡，他也要叛逆。**「有什麼好焦慮的？家門口的學校讀讀，不也是挺好的？」**

・進了國中，孩子讀書壓力大，他也要叛逆。**「成績有什麼重要的？能順利畢業、長大成人，不就行了？」**

・更別說每次寒／暑假了，他把這句話當成是保留曲目，**「暑假就是用來玩的。為什麼要待在家裡做作業？」**

沒錯，叛逆很好。你很有個性，小子。

可惜你還是輸給了一個人，那就是你兒子的媽。

因為只有孩子的媽才知道出來混遲早要還的，而你這個叛逆小子理解不了這種陣痛，反正每年八月的最後一週連夜陪小孩瘋狂趕作業的人不是你。

為了讓這位老爸理解暑假作業的嚴肅性，我傳了一張閱讀清單給他，要他在暑假結束前，把這些書讀完，並且每本書寫八篇讀書筆記：《三國演義》、褚威格的《人類的群星閃耀時》（*Sternstunden der Menschheit*）、《唐吉訶德》、老舍的《我這一輩子》、法國小說《偷影子的人》（*Le Voleur d'ombres*）、英國小說《擺渡人》（*Ferryman*）、狄更斯的《孤雛淚》（*Oliver Twist*）。

以及英文原版的以下書籍，每本要寫完整的閱讀筆記和讀後感：《夏綠蒂的網》（*Charlotte's Web*）、《追風箏的孩子》（*The Kite Runner*）、《在月亮下面》（*Under the Moon*）、《歌劇魅影》（*The Phantom of the Opera*）、《世界上最冷的地方》（*The Coldest Place on Earth*）、《象人》（*The Elephant Man*）、《別了，好萊塢先生》（*Goodbye Mr. Hollywood*）、馬克・吐溫的《哈克歷險記》（*The Adventures of Huckleberry Finn*）、《五鎮故事》（*Stories from the Five Towns*）。

孩子的爸盯著看了足足五分鐘，然後他說：「給我三年時間，也許我能看完。」沒錯，畢竟他《百年孤寂》（*Cien años de soledad*）看了六年多，《槍炮、病菌與鋼鐵》（*Guns, Germs, and Steel*）看了三年，《從一到無限大》（*One Two Three...Infinity*）看了快兩年才到第八十頁，全書共三百五十二頁……

看著他失落得如同失敗者一般的表情，想必已經陷入了對自己閱讀毅力和時間管理能力的否定與自責之中。時機正好，在他情緒陷入低谷的一剎那，我驕傲地告訴他：「你覺得困難嗎？你感覺沒時間看嗎？你認為太多、太難了嗎？告訴你吧，這

些都是你兒子的暑假作業，還不包括數學及其他的。」

孩子他爸抱著這張清單，熱淚盈眶。「這是什麼？還有我插手的地方嗎？」

唉，身為家長，無助的最高境界是：不是我不陪孩子念書，而是我想陪他念書的時候，根本插不上手。

此刻，他終於意識到他的名言「暑假就是用來玩的」，這句充滿叛逆的狂言，此刻顯得多麼不現實，何等幼稚。

過暑假是一項大工程，完成它，需要**家長**（主要是媽媽）孜孜不倦地**摸索**（看看還有什麼補習班可以上）以及**糾錯**（制止爸爸的不良干擾）。

如果爸爸們真的不懂暑假對於一個老母意味著什麼，各位除了參照以上方式給孩子多一些暑假作業之外，還可以讓爸爸認真學一下這句話：**為娘的世界裡，沒有字面意思。**

中年夫妻的純友誼，只有在陪讀中，才能更持久

「陪讀」就像夫妻倆一起辦了一項終身貸款，不管再苦、再難，最終不得不一起還債。

俗話說「十年修得同船渡，百年修得共枕眠」，我看還得加上「千年修得共陪讀，萬年修得陪讀完了還能開心地共枕眠」……凡是能和諧陪讀還順便增進了感情的夫妻，那都是修練有道，就快成精了。

很多夫妻平淡如一潭死水，有小孩後瑣事一堆，火上加油。剛有點不想將就下去了，突然，孩子上學了，夫妻倆在陪讀中建立起新的聯盟，化身戰友，共同奮戰

——五年過去了，七年過去了，夫妻倆雙雙成了擁有純友誼的學霸。

有天晚上送兒子去上樂理課，我和孩子的爸坐在路邊等孩子下課。那晚月色朦朧，微風陣陣，他陷入沉思，一言不發，像一個老實的相親男。

我主動搭訕，問：「你在想什麼？」

他說：「我在想下午兒子問我的那一題，我還是想不通到底怎麼回事。」

我說：「你可以現在趁他不在，偷偷研究一下。」

於是他含情脈脈地拉起了我的手，堅定地在我手心寫下了那道題目。

路過的大姐們紛紛投來異樣的目光，她們肯定在想：「哼，大半夜的，兩個人在這裡秀什麼恩愛。」而我，只想舉起手心讓她們長長見識——大姐別誤會，你們想歪了，我們在做數學啊。

在那個深秋的夜晚，什麼都不足以支撐起中年夫妻的內斂情感。**中年夫妻間最真摯的獨白只有「這一題怎麼做」。這就叫「執子之手，與子學到老」。**

如果不用教孩子，夫妻倆還能有什麼話題？——早飯吃什麼？中飯吃什麼？晚飯吃什麼？……多麼沒營養的夫妻生活啊。

但陪讀之後就不一樣了。夫妻討論的話題都是有深度和內涵的：零是有理數嗎？這個反比例函數題，是不是出錯了啊？原子光譜到底是什麼？……

他們真正成了對方的**知己——知道自己這也不懂，那也不會。**

老夫老妻消失多年的彼此仰慕之情，或許就在發現對方還能清晰地記得數學公式和物理定律時，重新出現。

但老夫老妻的默契、和諧，或許也就在發現對方連一句五年級古詩都背不出，或是八年級英語閱讀都看不懂的時候，轟然崩塌。

孩子的學習不是學習，那是家庭氣氛的風向球、夫妻關係的指南針啊！

試想，當你正在為看不懂孩子的考試題目發愁時，正在為配偶分擔不了教孩子的任務而生氣時，正在為別人家裡都有深藏不露的高手爸媽而懊惱時，孩子的爸突然跑出來說：「你去休息吧，這裡交給我。」

這感覺不是友誼回來了，簡直是愛情回來了。

中年夫妻在陪讀之路上，講究的是說學逗唱，哦，不，是望聞問切。隨著孩子知識量的提升和年齡的增長，我們愈來愈不敢貿然行事。

有次看到兒子趴在桌上，許久未動筆，我氣勢洶洶地跑進去準備發火，這時，兒

子突然問我，「媽媽，這題怎麼做？」

我對著題目看了三分鐘，然後問他，「想吃水果嗎？吃蘋果，還是柳丁？」

這就是陪讀媽媽的道歉方式。

然後派雲配偶去干預。如果他陷入困境，我們就會產生同病相憐之情；如果他能教得好，我就會對他產生仰慕之情，甚至會把他的解題過程拍照存檔，以備生氣的時候拿出來看看，覺得又能原諒他了。畢竟，家裡需要有一個能教孩子理科的。

但不要過於樂觀。陪讀，並不一定百分百能增進夫妻感情，它也有一半的可能會摧毀友誼。

孩子念書認真、成績好，夫妻倆更容易琴瑟和諧，互相貼金；孩子念書如果吊兒郎當、成績一塌糊塗，夫妻倆只能撇清基因關係，互相抱怨，而且互相看不慣對方教孩子的方法。

有一次，孩子他爸的「陪讀體質」發作，非要教兒子一道難題。他先是一個人趴在茶几上研究半天，發到各個學霸群組裡求助，甚至求助於網路……好不容易才算出了答案。

然後他雄心勃勃地跑進房間，給孩子上課。只見他口若懸河，滔滔不絕，廢話一大堆，有用的沒幾句。

五分鐘後，我再進房間一看，聽不懂的孩子和說累了的老爸已經一起睡著了。

你看，這樣的陪讀品質，還不如放愛一條生路。

五分鐘前剛建立起來的崇拜和敬仰，隨著這一幕的到來，蕩然無存。別人家的爸爸怎麼那麼會教孩子？

不教孩子功課還好，一教就會亮起友誼的紅燈。

孩子前陣子的語文成績下滑，做閱讀理解老是跟讀天書似的。

我對孩子的爸說：「兄弟，你飽讀詩書，滿腹經綸，你去啟發啟發兒子吧！」

他說：「大妹子，你學富五車，才高八斗，還是你去教他一下吧！」

然後我們兩人搶廁所、搶做家事、搶著給貓鏟屎，能賴則賴，能溜則溜……好不容易建立起來的內部團結，在那一刻令人心酸。

當然，「陪讀」就像夫妻倆一起辦了一項終身貸款，不管再苦、再難，最終不得不一起承擔、還債。

「不能容忍孩子不優秀」，這是什麼心態？

孩子真的不優秀嗎？也許只是不完美、未面面俱到而已。

有一次，我在網路上看到一個問題：「不能容忍孩子不優秀，是什麼心態？」提問者是一個八歲女孩的媽媽。她說自己從小在父親的嚴格要求下長大，雖然一路品學兼優，但父親很少說她好，總是挑她的不足，導致她至今總覺得自己不夠好。現在她有了孩子，不希望孩子重蹈覆轍，成為一個「優秀但不快樂」的人。

看到這兒還覺得挺感人的，但這個時候，轉折出現了。她說發現孩子沒有按她的要求做時，她會坐立不安，害怕沒有管教好孩子，將來孩子無法面對人生……果然，她的精神創傷導致歷史重演，她還是重蹈覆轍了。這大概就是傳承吧。

每一個有心理問題的孩子背後，都有一個問題家長，但大多數家長不覺得這是問題，因為「我從小也是這麼長大的啊」，不是好好的嗎？

其實開頭的問題是個偽命題。哪個家長願意接受自己的孩子不優秀呢？從提問媽媽的描述來看，這個問題應該這樣理解：她所謂的**「不能容忍孩子不優秀」**，**其實是「不能接納孩子的瑕疵」**，**這是兩碼子事。**

一個班上總有優秀的、良好的、合格的，還有不合格的，這才平衡。如果大家全部都優秀，你的焦慮會更大啊，好好想想吧。

其實很多家長有著同樣的困惑。

也許他們平時不好意思承認「我要把孩子培養成菁英」，因為怕「萬一失敗」，大話說出去了不好收場。於是我見過不少人說：「我的要求不高，也不要孩子成為什麼人類菁英，能進個國內排名前十的大學就很滿足了。」

這種「自謙式凡爾賽」真的挺不好笑的。很多人口中說得簡單的「要求不高，上個國內排名前十的大學就行」，難道是把自己擺在上帝視角來俯瞰大考嗎？

可能有些是出於自信，但還有一些純粹是不瞭解自己的小孩。搞不懂為什麼有些家長明明自己那麼普通，卻總認為自己的基因生出的孩子一定是非常優秀的，甚至是菁英之才。

現在有很多「學前教育」其實是為了取悅家長。

比如畫畫，老師會用ＳＯＰ帶孩子完成一幅畫。家長一看：我的天哪！我家小孩的繪畫天賦與生俱來，將來會成為千年一遇的大藝術家！包括那些所謂的數學班、英語先修班，都以各種形式給了家長無限興奮的理由，讓他們從中看到孩子被無限放大的亮點，以為自己生了一個天才。

但很快地，放眼望去，大家發現馬路上好多天才啊！這時候，家長開始焦慮了。身為天才的父母，如何讓我家千年一遇的天才不輸給其他平庸的天才？於是，這些父母就開始追求更卓越、更優秀，不斷地加碼、施壓。

被「取悅」過的家長，將萌生出許多不切實際的想法，覺得自己的小孩必然是某個領域的菁英，但又沒把握到底是哪個領域，於是讓孩子不斷去嘗試、碰壁。在嘗試的過程中，又接受不了孩子「不是這塊料」的事實，一旦發現這個「神童」有所殘缺，就感覺是對爸媽基因的侮辱。

這其實就解釋了網路上那位媽媽的提問：**「不能容忍孩子不優秀，是什麼心態？」**她的孩子真的不優秀嗎？也許只是不完美、未面面俱到而已。但在她的眼裡，那不可接受，因為她看到了很多優秀的孩子，也看到了自己小孩身上總是存在的缺點、存在著不如別人家孩子的地方。尤其是當年不如自己的張三李四，如今他們的子女都比自己的小孩優秀，她就更不服氣了。

其實這個問題也又一次印證了：最上面的不焦慮，最下面的也不焦慮，最焦慮的就是中間那一群家長。**不上不下的中間層，一面努力想要向上進階，一面又要努力防止掉到下面。**

就像提問的這位媽媽，親身經歷過強壓和嚴厲管教帶來的「相對成功」。這個從小不被父母接受瑕疵而長大的人，最終也無法接受自己小孩的瑕疵。

其實他們不是怕孩子不優秀，只是怕孩子回歸平均值，或者回到自己拚搏跳出的那個層次，對他們而言，那樣就等於白費了自己這半生的努力。

希望下一代成為優秀的人，這一點毛病也沒有。但問題的核心在於「什麼是優秀」。人生就算只活到八十歲，考上大學也只用了不到四分之一的時間。接下來的漫長

人生，優秀不優秀還不知道呢；是不是菁英，還得靠時間驗證呢。怎麼那麼早就說死了？

有些家庭對優秀的定義特別特別簡單，「孩子什麼都是第一，就叫優秀。」在學校考試成績第一，補習班成績第一，各種競賽第一，只要是能排名次的事情，孩子都得拿第一，俗稱「全能學霸」。訓自己小孩的時候也不知道怎麼念，就只會說：「人家誰誰誰多優秀，每次都考第一……」

現在符合爸媽的預期，不代表這個人未來一定優秀。而真正優秀的人，也不見得在讀書時都是樣樣好。我們要培養的優秀，一定是善良端正的品行，但不一定是最好的分數；一定是堅韌勇敢的特質，但不一定要處處得第一；一定是具備了受用一生的素養，而不是只看眼前的排名；一定是能創造價值的大能力，而不是拘泥於當下的小格局。

同時要明白，沒有一個人是完美的，孩子也一樣。就像你必須承認自己不是完美的家長，你也必須接受孩子是有缺陷的。因為他不是一串ＤＮＡ序列。

他是一個人。

我們每個人在世上走一遭是為了活出自己的價值，不是為了實現別人幫我們預設的價值。你可以教育孩子追求卓越，但你對他的容錯率也要提高。

第三章

養孩子燒錢是小事，關鍵是折磨爸媽

最富有的人大概是媽媽，最貧窮的人也是媽媽。

一方面揮金如土，一方面偷偷吃土，正是媽媽們的真實寫照。

對孩子，她們一擲千金，那些必要的開銷和不必要的花費混雜在一起，形成了完整的金流鏈。而在這背後，媽媽們對自己的生活花費每況愈下，把在自己身上剋扣下來的預算，投資到了偉大的教育事業。這種在教育投資上的拚勁，成了媽媽們努力賺錢的最大動力。「散財」，幾乎成了每一位媽媽緩解焦慮的一種重要途徑，也是最簡單的途徑。

媽媽們抱著一種「投功德箱」的佛系心態，進行最熱血、最瘋狂的教育投資，與此同時，互相借鑒、模仿和較勁，始終不放棄「贏在起跑點」的偉大鬥志。

每逢佳節「倍省錢」，唯有寒暑「價」最高，一切以子女教育和培養為主的消費觀，是媽媽永恆的閃亮標籤。

養孩子燒錢是小事，關鍵是折磨爸媽

為了逃避帶孩子，我們會找機會加班，寧願加禿了頭。

我的二〇二〇年是從線上課程開始的，自從孩子開始參加線上教學，我感覺自己成了「消耗品」。我的頭髮就像家裡的Ａ４紙存量一樣愈來愈薄，心情就像印表機的噴頭一樣愈來愈堵，寧靜就像存款餘額一樣愈來愈少。

昨天，兒子又猛地衝進我書房，我不得不把正在列印的二十八頁合約暫停，先印他的複習卷。

他對我說：「你那個又不急。我這個是線上課馬上要用的。」

我能說什麼？

「好的，你先印。」

似曾相識嗎？像不像你向客戶低頭的卑微模樣？

在家裡，我這些「不重要的工作」隨時都準備按下暫停鍵，讓孩子的線上課程先行，畢竟像我這種已經搞不明白單調函數、虎克定律的中年油膩老母，做後勤才是我的本職工作。

當然，還要記住每次按暫停鍵的時間，該做飯了，該監考了，該上傳作業了，該下載某個新的ＡＰＰ了，該罵小孩了……哦，這比二元一次方程式還難，中年老母氣血尚缺，快不夠用了。

線上課程可能不太燒錢，但媽媽快被燃燒殆盡。

為此，我一直處在惆悵的邊緣。這不公平，憑什麼只有媽媽受折磨？

某天晚上我心態扭曲地問孩子他爸，「你覺得養大一個孩子，當爸爸的累不累？」

他狐疑地看著我，想了一下，然後說：「肯定累。你看，現在只要他一上課，我就要挨罵。」

他說得有道理，因為每次孩子一上線，他就開始叮叮噹噹地弄那些破銅爛鐵，噪音不斷，極度影響我的情緒，能不討罵嗎？

然後我反思了一下，發現有了小孩之後，我們倆的關係有點像教官和囚徒，一個恨鐵不成鋼，另一個屢教不改。從情緒上講，孩子對爸爸的影響也是一場撲朔迷離的父子情，陰晴取決於媽媽；而媽媽的陰晴又取決於孩子和他爸爸……這詭異迷亂的三角關係，太磨練心性。然後我心態平衡一些了，原來養一個小孩不只有媽媽受折磨，爸爸也受累。

有人問養小孩到底燒不燒錢。這是一個偽命題。但請注意，燒錢其實並不可怕。我認識一對結婚八年的夫妻，他們不生孩子，說「養小孩太燒錢」。有一次我告訴了他們真相。

「有了小孩後，你們就不會有每年多次的隆重海島遊、豪華深山探險、浪漫鄉野遊，不會有每週不斷的電影和大餐，不會動不動一起逛街買衣服、包包和限量款鞋子，更不會牢記彼此的生日和大小紀念日。上百萬的吃喝玩樂奢靡開銷都省下來了。所以養小孩怎麼會燒錢？養小孩幫你們省了一大筆錢呢！」

但我當時的話沒說完整。

養小孩確實不見得很燒錢，但養小孩一定折磨人啊。有了孩子，你就知道了。

結婚紀念日？呵呵，如果正好記得，又恰逢週末，可能會去親子餐廳，在廉價柳橙汁、炸洋蔥圈和孩子啃剩下的披薩裡，假裝過了一個溫馨的紀念日。這成本比二人世界旋轉餐廳的燭光晚餐省多了。但爸媽練就出一副吃黃連都甘之如飴的幸福表情，同時沉浸在孩子的超人或芭比娃娃之中，而忘記那礙事的愛情。每一次為了滿足孩子的需求而驅車二十多公里吃一頓垃圾食品後的滿足，都昇華著爸媽的戰友情，把所有企圖重溫浪漫的野心消磨殆盡。

所以孩子燒錢這種小事，在輕而易舉融化了爸媽的純潔友誼面前，根本不算什麼。

說到友誼，小孩這種生物真的很容易磨滅友誼。

如果你有一個閨密，而你們兩人沒有同時當媽，那麼不出半年，你們可能就要絕交了，因為有小孩的只能和有小孩的交朋友。

你必須擁有新的朋友和你聊奶粉、濕疹、小兒按摩，以及和你一起扛著幾十公斤道具，為幼兒園的兒童節演出排練節目……

孩子正在悄無聲息地磨損你的友誼，迫使你另覓新歡。

而這個新歡能維持多久，也取決於孩子。當你們兩人的小孩進入不同的學校，那麼關係再親密的老母友誼也將漸行漸遠。

除此之外，因為孩子的引領和撮合，你可能還不得不和不怎麼喜歡的人交朋友，並和平相處多年。孩子磨光了你的個性，教會你識時務。你得學會迎合，堅持過完這一段魔幻的人生。

磨滅友情和新建友情一樣輕鬆，小孩讓一切來得出其不意又順理成章。你必須擁有足夠強大的「內核」，應付因孩子引發出的一系列友誼的變革。

要時刻記得，養大一個小孩需要燒掉很多友誼。人生的車站裡，上上下下的人更多了。

孩子燒錢不算什麼，因為能用錢擺平的事，基本上都是小事。而那些磨人的事情，用錢也擺不平。

對一個媽媽來說，隨著孩子的成長，從肉體到精神愈來愈耗損。

肉體上，賠上她玲瓏的曲線、披肩的秀髮、光亮的皮膚、炯炯有神的雙眼……

精神上，磨掉她的愛情、她的友誼、她的耐心、她的脾氣，她的夢想和理想……

如果這些都能用錢擺平，燒錢也值得啊！

你覺得上補習班燒錢嗎？當你風雨無阻、披荊斬棘地每週來回接送孩子四五次，在補習班門口和一大群婆婆媽媽一起等下課，被不熟的各類熱血家長問東問西、洗腦戳心，被走過路過的年輕人投來「這位阿姨好慘」的憐憫眼神……你就會願意再多花點錢，請個到府教學的專家教授。

用多花點錢來換取兩三個小時在家裡喝茶、看書、追劇的自由時光，你願不願意呢？

搭上時間和精力又磨滅了一切自由的老母們，真的很擔心下一場補習比上一場更累人。

為了迎合孩子的同學與家長，不給自己的小孩丟人現眼，老母們做了多少費力的事。為了陪孩子上個外師授課的英語班，老母硬著頭皮和外師同步練口語，也是很拚的。

你看，當家長真的連面子都不顧了。

有的甚至走火入魔到要搶老師的飯碗了。一位媽媽接到老師通知，說要學生註冊ＡＰＰ線上學習。她折騰了一下午，註冊成了一名英語老師，還想代替真的英語老師教起英文！

等這位媽媽明白了怎麼回事之後，可能會覺得好丟臉，也可能內心並無波瀾。帶

小孩的這些年，有時甚至覺得適當地丟臉也是一種別樣的樂趣……

畢竟身為家長，樂趣真的不怎麼多了，加班可以算一個。深夜，燈火通明的辦公大樓裡，綻放著無數中年人修改提案的笑顏，充斥著無數中年人手敲鍵盤的快活，彌漫著無數中年人手沖咖啡的香氣和嚼洋芋片的清脆聲……

年輕人提之憤怒的沒日沒夜過勞工作，是中年老父母求之不得的避風港。

為了逃避帶孩子，他們會找機會加班，寧願加禿了頭。

哦，頭禿算什麼，和那些在家裡陪小孩的同齡人相比，加班至少是心靜的。在家的那些，不但頭髮沒了，還得靠血壓計和保心丸活下去。

當今社會，每一對能笑著活過義務教育的父母，都擁有強大的心理素質、豁達的生活態度，以及一副耐磨、耐操的軀體。

「小孩燒錢」是對家長的激勵，那會轉變為努力奮鬥的動力，說不定能讓本來頹廢不上進的家長覺醒奮鬥。而「小孩折磨」就是一種不可再生的摧毀，磨光你的稜角，專治各種不服。

但同時，也會把你的軟弱變得強大，把你的怯懦變成勇敢，把你的玻璃心熔煉成鈦合金，把你改造成一個全方位更優秀的人，更包容、更豁達、更佛性。

所以如果有人問：養個孩子這麼累，那到底要不要生小孩？
我還是覺得可以生的，否則你的人生原地踏步好多年，也得不到快速的脫胎換骨。

任何有價值的東西在媽媽眼裡，
都能被等價兌換成教育資源。

原以為當媽是做投資，後來發現其實是做公益

大多數時候，媽媽們的投資不是為了圖什麼回報，只是求個心安、放心、不糾結。

年紀愈大，愈懂一個道理：有很多投資可能壓根見不到什麼回報。

比如當媽這件事，當的時間愈長，投資項目愈多，每回寒暑假都能啟動一輪「天使輪」（angel round）。為了趁著暑假「超車」，媽媽們閉著眼睛多報一個班，動輒上萬，開啟了「A輪融資」（A round）。開學後，很有可能發現超車沒成，近視度數卻增加了，這一輪的投資報酬率又逼近負數。但大家並不氣餒，一開學，「B

輪融資」（B round）上線。

其實我們也已經習慣了，從有了孩子的第一天起，媽媽們就開始幻想收益。

「相信經過我的大力投資和精心栽培，我家孩子一定能成為神童，長大成為菁英，把我捧上人生巔峰，再給我養老送終。」

但是養了幾年之後，大家就會普遍感覺：大力投資和精心栽培是有了，但報酬率怎麼跟想像中的不大一樣。

為了當好媽媽，我們從一開始就捨得衝動投資，什麼育兒寶典和寶寶聖經都必須入手。

幾年後，這些嶄新的書連同幾十公斤沒拆封的玩具一起送人，我們的巨額投資瞬間變成慈善事業——不但扶持了出版業、玩具業、母嬰用品業，還讓身邊的朋友直接受益。自己得到什麼？得到了一個教訓：以後再也不亂花錢了。

但是，這個教訓完全沒有起到作用。隨著孩子長大，普通的投資行為已經不能滿足老母親們實現個人價值的要求，我們開始了更刺激的大手筆。

比如不知何時何地何種情緒之下，突然的一個靈光乍現，又報了一個才藝班。又比如，跟老師和別人家的媽媽稍微聊了那麼幾分鐘，轉身就幫孩子又買了好幾公斤的參考書。

當媽路上的三大投資領路人：老師、補習班業務、熱血媽媽。聽君一席話，多買十年書。**買了就是看了，看了就是進步了。**帶著一顆偉大的慈善之心，我們投資從不眨眼。而且愈是高額投資，報酬率愈是難以描述。

比如補習班吧，我認識不少媽媽，從大班課換到小班課再換到一對一，投資成本愈來愈高，從三位數到四位數再到五位數，孩子有什麼進步嗎？看來看去，明顯進步的只有媽媽。

如果一個女人想體驗「只求投資，不求回報」的爽感，那就該生個孩子；如果還不行，再生一個。

有小孩之後，所有如魔鬼般可怕的「衝動消費」都像是一筆天使投資。因為過不了多久就會發現，「這筆投資報酬率，肉眼無法識別」，算了，我就當是做公益吧。

大多數時候，媽媽們的投資不是為了圖什麼回報，只是為了圖個心安、圖個放心、圖個不糾結。就像做慈善一樣，我付出我的，不求回報。

這正是母性，哦不，是全人類不斷追逐的至高境界——內心平和。很多時候我們不是為了有回報才投資，是為了內心平和而奉獻啊！

錢要花在刀口上，我孩子就叫「刀口」

讓中年人請客吃飯，你是吃掉人家孩子的人生啊！

我先講一個悲傷的故事，讓大夥兒高興高興。

前幾天我請同事吃飯，本來開開心心的，到最後卻吃得熱淚盈眶。

中年人是很會吃的，否則也不會在「什麼都不容易」的生活中，輕鬆實現「容易胖」。然而，很會吃不代表很會點菜，我們有「點菜憂鬱症候群」。

這個症候群是怎麼回事呢？我們一桌中年人翻著菜單，一邊看價格，一邊比對ＣＰ值。

「半隻燒雞要一千塊？都能上一堂菁英班了！」

「這什麼菜，怎麼這麼貴，一頓飯頂好幾堂一對一！」

……最後以一聲堅定有力的「不吃了！」收尾，是這一輩中年人雄起之吶喊，理性戰勝情感之告捷，告別幻想、接納現實之逆襲。

這年頭，中年人點個菜真的太難了。以前大手一揮隨便鋪滿一桌子菜的技能，逐漸灰飛煙滅。現在變得唯唯諾諾，裹足不前。

是我窮嗎？是我小氣嗎？是我不懂得及時享受嗎？

不。是我們心裡僅存的，為「教育事業」獻身的一絲勇氣，不想被一頓飯抹殺掉。我們只是試圖靠每次犧牲一絲絲「點菜自由」，來慢慢填充「補習自由」的自信。

錢要花在刀口上！

「刀口」是誰？在我們家，以前我是刀口。後來有了兒子，刀口就變成他了。

有人對我們說：「太矯情了。一頓飯而已，會弄到拖垮你們的補習自由嗎？」

這位朋友顯然不能充分以同理心，看待中年人對於一頓大餐的宏觀思考和深謀遠慮。

吃一頓大餐，就少上三堂一對一的課。萬一這三節課就講到一個至關重要的概念呢？萬一少了這個概念，孩子就考不上前三志願呢？萬一考不上前三志願，將來就考不上好大學呢？萬一考不上好大學，就找不到好工作呢……哎喲，人生啊，險惡啊！想到這些，大餐吃得下去嗎？

按理說，中年人比誰都更吃得起大餐啊。然而，就因為中年人幾乎每家每戶都有那麼一兩個「刀口」，於是每一次鋪張浪費都彷彿是在刀尖上舔血。

普通人眼中的大餐是雞鴨魚肉；有社會良知的人眼中的大餐是環保分類垃圾；有文化的人眼中的大餐是舌尖上的文明；文青眼中的大餐是生活格調和品味。

中年陪讀爸媽眼中的大餐，是作文、英語、電腦課、鋼琴、長笛、薩克斯風、棒球、馬術、高爾夫……

所以大家以後**別讓中年人請客吃飯。你那是想吃掉人家孩子的人生啊！**

你的良心不會痛嗎？

前幾天七夕，我和隊友在精神上過了一個豐富多彩的節日，用意念度過了一個美妙的情人節，內心充滿愉悅，感覺又賺了！

因為我們沒有為了那虛無的浪漫，而去吃喝玩樂。省了一大筆開銷不說，還省出了時間陪兒子練一個小時的琴、做兩段聽力練習、看一篇文言文……哎呀！少過一次七夕，等於賺到兩堂VIP課。集滿七次不過節，省出五堂菁英班！

每一次選擇在逢年過節的時候吃土，都是離虛無遠了一步，離勝利更近一步。這是中年人獨有的智慧，與眾不同的致富捷徑。

前幾天，我在群組裡問大家，「**你們家什麼支出最多？**」大家沉默不語，直接丟出一張圖。

我一看：排名第一且遙遙領先的是「上課」，占了百分之二十二・五，共計十二萬六千多元，是第二名（服飾）的三・五倍。

哎，這小刀口真是一目了然。

尤其暑假，「刀口」特別多。

暑假真是中年老母衝動消費的高峰期啊。可能只需要幾天工夫，那個原本每天約你去吃大餐、動不動就拉你一起去買衣服、每天都得喝兩杯星巴克打底的好閨密，突然就斷絕了跟你的交往。

我就是剛吃了兩次閉門羹，某位好友突然宣布要閉關。

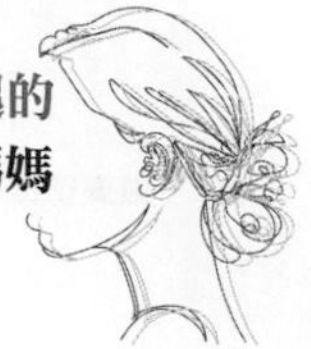

問她怎麼了，她說：「我給你看看我的帳單吧。」然後丟出來一張圖，上面赫然列著七八項「教育支出」，每一項都是四萬元整。

接著，她又給我看某ＡＰＰ裡的課程報名費詳情：高二物理秋季菁英班五萬兩千元，高二英語秋季菁英班四萬一千元，高二暑期菁英班四萬四千元……

不看不知道，我身邊一大堆的貴婦！我們都**太有錢**了！

有錢歸有錢，但還是那句話：人家的錢只花在「刀口」上。要是在其他方面，呵呵，大部分都是無底洞。

就說我們公司裡吧，包括我在內所有的媽，連三塊錢一張的列印費都覺得太貴，整天跑到辦公室，用公司的印表機偷偷印考卷。我們驕傲了嗎？

我朋友平常接送孩子上下課，來回搭計程車，每個月幾十次從不心疼。但是自己約朋友見面都選週日，因為週末交通有優惠，厲不厲害？

當今中年老母比什麼？不比臉蛋，不比身材，不比包包，不比老公，比的是誰更偉大啊！

有媽媽說：

「我自己的衣服買路邊攤，家居清潔用超市送的劵買。」

「我自己吃飯盡量不超過八十元一頓的上限。」

「我覺得自己是一位捨生取義的女俠。」

錢花在刀口上，乍看之下，這一代的婦女活得好心累呀。明明都是**隱形貴婦**，卻為了吞金獸，活生生過著魯蛇的生活。

但其實並不是這樣。歸根結柢，中年人是為了讓自己活得踏實。人到中年，一切的風花雪月、放浪形骸、揮金如土，都是過眼雲煙。唯有把錢砸向家裡的「刀口」，才是一種真正的文化傳承。

每當覺得什麼地方莫名不踏實的時候，給「刀口」花筆錢，就忽然感覺好多了。

中年人有多窮，補習班老師最懂

眼睛眨都不眨就直接報了十年ＶＩＰ：成功者；
每次續班都說考慮考慮：失敗者。

我曾收到一條留言，來自一位男性讀者。「**魔都老父親，獨生女念私小，除了語文數學英文還投了聲樂美術芭蕾樂高滑冰鋼琴在線英語的功德箱。反正近三年晚上回家，手機基本上戒了，電視基本上沒打開過。換車什麼的這種浪費行為想都不要想。**」

看到一個被孩子重塑了的男人，真是令人感到欣慰。終於，爸爸也走上了吐槽之路，除了沒標點符號，其他都和老母親差不多。大家不妨將此則留言列印出來，激勵自己：

「我不是一個人在戰鬥。」

不過，仔細看這則留言的背後，其實有一個很宏大的命題：無論爸爸或媽媽，改變我們命運的不一定是知識，更有可能是「孩子」。

沒當媽之前，我們能對自己有如此高標的嚴格要求嗎？不能。

沒當媽之前，我們能如此一邊揮金如土，一邊窮到吃土嗎？不能。

學校沒有教會我們的認真與拚搏，孩子能讓我們輕鬆做到；社會沒有教會我們的自律和節儉，孩子能讓我們快速實現。在別人身上沒有發現的貧富差距，孩子能讓我們在自己家裡果斷找到。

每個補習班帶大的優秀神獸背後，總有一對貧窮到熠熠生輝的靈魂。有句話說「家長是孩子最好的老師」，但從現實情況來看，應該說孩子才是家長最好的老師，而且是天天拿著教鞭抽打，你還得貼錢進去的那種。

我小時候的願望很簡單：我要努力用功，多學些技能，長大後有份好工作，過著

衣食無憂的生活。也不用暴富，只希望每天晚上能躺在沙發上看電視，每個週末都可以任性地睡到自然醒。

為了這個理想，我努力念書，掌握了不少技能，努力打拚，成家立業，然後有了小孩，然後……我現在的願望還是很簡單，只希望每天晚上能躺在沙發上看電視，每個週末都可以任性地睡到自然醒。哦，對了，最好能暴富。

嗯？說好的知識改變命運呢？怎麼改了半天，好像也沒有太大的變化。那種感覺就像是一個剛準備仗劍走天涯的人，忽然被暑假作業揪住了頭髮……哦，不！除了暑假作業，鐵定還有一大堆暑期班。如今，我們不但晚上不能看電視、週末不能睡懶覺，甚至連每回寒暑假都在劫難逃。

每一位補習班老師的眼神裡，都寫著一本對中年人的審判書：眼睛眨都不眨就直接報了十年ＶＩＰ：成功者；每次續班都說考慮考慮：失敗者。

俗話說知識改變命運，但俗話沒告訴我們，**孩子的知識才改變我們的命運，孩子的學費正在改寫我們的生活。**那位爸爸戒掉手機、不看電視、換不了車，就已經感覺很委屈了，然而放眼望去，還有大片匍匐在荊棘叢裡摸爬滾打的媽媽們沒出聲呢。

我有個老同學，以前她不但是學霸，還是校花，也曾是她那一行赫赫有名的專家。後來她生了兩個小孩，辭去工作，成了全職媽媽，徹底改變了命運。

她當全職媽媽五年多後，有一天，我們一起吃晚飯，看著滿街燈火通明的辦公大樓，她說：「我現在每天做的事，和小時候隔壁巷子的大媽做的差不多，做飯、帶孩子、罵老公、做飯、帶孩子、罵老公、做飯、帶孩子、罵老公……」

而更血腥的是她老公的結論，「我老婆現在每天做的事就是花錢、罵老公、花錢、罵老公、花錢、罵老公……」

唉，罵老公可以改變，花錢怎麼改善？又不是花在自己身上。不信你去問各大補習班和才藝班的老師。天天拎著小帆布包出入菜市場和超市的全職媽媽們，光顧的最高檔消費場所就是補習班了，每次進去都享受ＶＩＰ待遇，每次刷卡都是「包年」的最高規格。

也許商場櫃姐會因為你拎著七位數的限量款包包，對你刮目相看。但是在補習班裡，老師只會看你有沒有至尊ＶＩＰ繳費贈送的閃光滑輪小書包，如果有，你穿一身平價Uniqlo也是貴婦；沒有的話，就算你全身上下ＬＶ，也就只是個普通人。

當了媽後，我們從鋪張浪費，華麗轉身為精打細算、數著小數點過日子。以前買咖啡，一次買兩種口味換著喝；後來陪讀的時候，每次只看是否有買一送一。以前

遇到折扣季，購物車裡裝滿了口紅和面膜；後來半夜不睡覺，秒殺便宜十塊的題庫大全。以前什麼促銷活動都刺激不了我們；後來穿著過去買的Burberry在補習班門口排長龍，領到五百塊錢優惠券像挖到寶。當孩子考了一個E，大多數媽媽會主動清空購物車，改成找家教補課，雙十一也拚不過一對一。

曾經鋪張浪費的拜金女孩，成長為精打細算的良家婦女。連爸媽都對我們露出了滿意的微笑。有些事是不用教的，就像到了一定歲數自己就主動穿衛生褲一樣，到了一定歲數，也會主動（在除了繳補習費以外的其他方面）省著點過，畢竟大多數美德都是當了媽之後才練成的。

看到金銀首飾捨不得買，我們可以說「不喜歡」。看到包包、鞋子捨不得買，我們可以說「不喜歡」。看到任何東西捨不得買，我們都可以說，「不喜歡」。

但是，看到補習班捨不得報，我們就會問：「有優惠嗎？」

是的，在功德箱面前，小孩子才分喜歡不喜歡，大人只看有沒有優惠。很多功德箱，家長一投就是幾萬，從不手軟，生怕繳錢晚了，老師以為我家孩子不是個富二代……

我們的這些行為，只有補習班老師全看在眼裡。他們大概都猜到了，十萬補習費華麗轉帳完畢，你轉身就會取消中午的日本料理之約，獨自吃一碗熱乾麵不加蔥，這大概是你對教育最大的尊重。

說到蔥，菜市場裡買蔥漲幾塊錢都喊日子過不下去的中年婦女，面對鋼琴老師每堂課漲價五百元時，心裡暗自狂喜：太好了，不是漲一千。

小孩改變了我對價值的認知。以前對五百元的理解是能買好幾公斤米；現在是小孩的一堂課，夠上一個小時。慢慢地，**任何有價值的東西在中年人眼裡，都能被等價兌換成教育資源。**

正如少吃八包榨菜就能省出一套《大學必中歷屆模擬試題》，在補習班老師眼中，你我也許皆是榨菜，就看能把自己榨到什麼程度了。

中年老母財務自由歧視指南

對孩子，是一擲千金的貴婦；
對自己，大概比貧戶標準略多十塊錢。

「財務自由」是我們中年老母經常探討的一個詞。今天來聊幾個關於財務自由的小體會。

從狹義角度說，財務自由就是有沒有錢的問題。從深一點的角度來講，雖然沒錢萬萬不能，但是對一個老母來說，錢真的不是萬能。**如果說這世界上還存在某種用錢解決不了的問題，那一定就是「帶小孩」。**

每年的開學季，也是老母們頂級財務自由的秀場——「報班自由」。這也是非常艱難的時期，對心智有極大的挑戰，畢竟大多數媽媽剛經歷過鐵血無情的「夏令營自由」和「暑期班自由」，一下子再來個新學期的補習班報名大考驗，很折磨人的。這筆錢花出去管不管用不知道，但可以肯定的是，不花出去，老母是絕對睡不著覺的。

以前我有一個稚嫩的想法：報個名嘛，只要捨得花錢就好了。直到今年，隨著兒子的升學，我感覺我進入了一個全新的世界，太長見識了。

有一天，群組裡某位家長傳了一則消息：「**六年級外師英語小班授課，還有一個名額，要求孩子有初級以上英文能力。**」我趕緊點開來看，但這已經不重要了，重要的是我並沒有資格報名這個班。

我心目中的「報班自由」化為泡影。原來有些自由和愛情一樣。愛情不是你想買就能買，補習班也不是你想報就能報的。

唉，天知道我花了多久時間說服自己，終於決定不與命運抗爭，終於下定決心加入補習取經大軍。我剛把盤纏準備好，突然發現這取經路上光有盤纏不夠，還得打怪升級到一定級數了才有資格……這和我想像的不太一樣啊！

中年老母的財務自由歧視鏈再度升級：家門口晚托班補習自由＜大班課補習自由＜小班課補習自由＜客製班補習自由＜一對一補習自由＜有一定資質才能上的補習自由。

當然，我還是覺得「不補習自由」才是傲視群雄的。對於一個敢於不補習，也能遊刃有餘衝出重圍的老母來說，人生境界已經不一樣了。

在財務自由這件事上，你會發現，無論你何時何地覺得自己在某個領域實現了小小自由的時候，總會發現另一群人早已經把你甩得很遠了。

身為一個老母，平常沒事總是會關注時代脈搏的律動、消費水準的波動，所以不難發現，每個中年老母實現自由的「標準線」不一樣。

當我實現了菜市場自由的時候，發現別人家的媽媽已經開始在超市裡，不買對的，只買貴的。當我也實現了超市自由的時候，發現別人家的媽媽已經出入於進口商品專賣店，進口櫛瓜和進口生菜才是生活主流。當我也開始經常吃進口蔬果的時候，發現別人家的媽媽開始訂購有機蔬菜了，每週新鮮直送ＶＩＰ上門服務。當我也打算申請有機蔬菜上門服務的時候，發現別人家的媽媽已經開始自己在園子裡種菜了……當她們帶著自己剛摘下來的有機茄子、有機青菜、有機櫻桃，來媽媽群組裡普及科學常識的時候，穩穩地成為人生贏家，至少，人家的家門口有塊地。所以買菜的財務自由也有了區別：菜市場自由＜超市自由＜進口超市自由＜有機自由＜種菜自由。

有一天中午，我突然想喝某家茶餐廳的杏仁茶，立刻放下手頭的工作，拉著同事，驅車二十多公里。配合杏仁茶，我們點了一桌乳鴿、燒鵝、菠蘿包、炒河粉。最後為了彌補內心的愧疚，我們還帶了好幾包外賣回去給其他同事吃。

我問同事：「我們這算不算實現了財務自由？」

同事說：「比起你這種財務自由，更令人羨慕的是時間自由。」

要知道，對一個老母來說，沒有什麼比能夠自由活動更值得炫耀了。擁有一大段可以隨時隨地出門、逛街、吃東西、逍遙甚至放肆的自由時光，是每個中年老母的奢望。

大多數時候，她們都是忙完一天雜亂的工作之後，馬不停蹄趕回家忙更雜亂的工作，別說突然想去二十公里外的餐廳解饞，就連在家吃飯，都不一定能自由地吃。

我的一位同事每天中午偷偷點外賣，因為她媽媽給她帶的隔夜菜太難吃，她終於鼓足勇氣實現了午飯自由；但回家後，反而沒了自由。

請了幫傭的中年老母有了更多自主權，可以換著花樣點菜。只要錢到位，什麼菜式都會。

而更高境界，是自己給自己做飯吃。這背後展現的是一個女人竟然擁有大把時間買菜、做飯，還樂此不疲。至少在菜市場和廚房的那段時光，是自己的。當我們還在研究外賣ＡＰＰ哪家強、幫傭燒菜哪家棒、哪家餐廳的油品質好的時候，有一些老母已經在研究破壁機、粉碎機、全自動蒸鍋、多功能烹飪機的一萬種新花樣……這才是財務自由的最高境界啊！

在「吃」這件事上，實現財務自由的姿勢由下至上是這樣的：外賣自由＜老人做飯自由＜幫傭自由＜料理機自由。

前幾天，我看了看我的購物車，嚇一跳，數數一共有十六件，從吃的到用的，都是我當時下決心要買，但是放進購物車之後「考慮了一下」，然後就沒有然後了。再一看付費紀錄，連續兩週，平均每兩天就替兒子下個單，從學用品、輔導資料到學校活動要用的道具等，一應俱全，都是第一秒看準，第二秒付款，從來沒有拖過三秒的……

看到這裡，我覺得自己實現了購物自由。再想起我的購物車，又懷疑人生了。

中年老母的財務自由，絕對是分場合、分地點、分人的，要看對誰。對孩子，那是一擲千金連眼睛都不眨一下的貴婦，絕對的財務自由。對自己，大概比貧戶標準略多十塊錢。只有當一個中年老母對自己也實現了和對孩子一樣的消費自由的時候，才叫真自由。

購物自由的歧視鏈也有了：為孩子購物自由＜為老公購物自由＜為了貓購物自由＜為了自己購物自由。

財務自由這件事，從表面上其實是很難看清真偽的。有時候一個揮金如土的中年老母，可能是用了大部分存款，甚至還欠著貸款，把孩子送進了體制外學校，孩子成了全家最富有的人，而該老母本人已經有苦說不出。而有的老母在公立學校裡追求快樂教育，只圖孩子「學學中文」，然後做好隨時奔赴海外的準備。

藏而不露的各種老母式財務自由，始終都有一定的侷限性。如果沒生二寶，千萬不要以為她真的實現了財務自由。

事實證明，老二根本不能當豬養

老二不但不能當豬養，反而得用力更猛，才搞得定啊。

二〇二〇年，我認識了某位著名的優秀舞蹈老師，她培養出無數個婀娜多姿的舞蹈小才女。

對於她的深厚才華和豐厚成果，我表示羨慕不已，然後她對我說：「你再生個女兒吧，送來我這裡，好好培養。」

那一剎那，沒出息的我居然有一絲心動！想到自己這輩子可能都與跳舞無緣，總有些許遺憾。我上一次跳舞是念幼兒園大班時，跳的是「天鵝湖」裡的大鵝。萬一我有女兒，她不僅遺傳了我的智慧與美貌，並且一出生就有舞蹈大師的加持，沒幾年就被培養成「一代舞后」……還沒出生就已經畫好了宏偉藍圖，這簡直是走了捷徑，彌補我此生的一大遺憾啊！

一秒鐘之後，我清醒了。

好煩啊，還要買粉紅色的舞蹈鞋、粉色的跳舞裙、粉色的蝴蝶結，風雨無阻地接送。為了幫女兒保持身材，我還得陪她控制飲食。每天陪她做完作業，還要監督她練壓腿和下腰，練得不好太費勁，練得好又太花錢……關鍵是我已經被她哥哥折騰得力氣都快沒了，哪有空多管一個。什麼「一代舞后」啊，還不就是家裡多了一個張嘴等飯吃、補習等付費的雌性吞金獸？萬一她沒有遺傳我什麼優點，全隨她老爸呢？

算了算了，舞蹈什麼的我以後自己去公園學吧。又萬一生的不是女兒呢……不敢想……不敢想……於是我禮貌地回答：「謝謝，不用了。」好慶幸自己沒有上舞蹈老師的當，再生個女兒的念頭還沒開始，就已結束。

類似這樣的「勸生二寶」戲碼，我這些年經歷過很多次，如今已經能見招拆招了。但許多人還是有些招架不住，被勸著勸著就生了。

我有位朋友是婦產科醫生，她說每年有很多孕婦說自己是「意外懷孕」。第二胎孕婦中，「意外」的比例一點都不比第一胎的意外比例低。這就引發了一個哲學問題：人不可能兩次經過同一條河流，那麼，人可能兩次經歷同樣的意外懷孕嗎？

凡是說「意外」了一胎之後，還能再「意外」第二胎的，都很玄妙。「意外懷孕」是個悖論，你要是不想懷，總有辦法。只要能懷孕，都是願意生的。真心想避孕的人，生了一個之後就很難再「意外」，因為帶孩子是最好的天然避孕法，所以除非鐵了心想造人，否則不可能有老二。所以二寶說自己「意外」的，真是令人太意外了。

但是現在「誠實媽媽」愈來愈多，我聽過很多生二寶的奇葩理由，比如一個朋友說「鋼琴太貴，賣了太虧」，於是她又生了一個。這屆二寶，都是帶著使命來的。

過去有人說：「第二胎比第一胎好帶多了，俗話說老大照書養，謹小慎微，提心吊膽；老二當豬養，隨便帶帶，活著就好。」

有個內蒙古的朋友，以前她剛生第一個的時候，她媽對她說：「一隻羊也是放，一群羊也是放。」於是她又有了一個兒子。現在她媽對她說：「一定要做好避孕措施。」所以啊，只有當你有了一群羊的時候，才知道一隻羊是多麼可愛。

而現在的二寶媽媽們，很多是根本不信「老二當豬養」的。她們是因為大的沒生好，想再生一個，重新來過。這種「恨鐵不成鋼，只能自己上」的不甘心與背水一戰之決心，日月可鑑，天地可表。

所以，二寶根本不可能當豬養。多數老母把在老大那裡吸取的經驗、教訓和未完成的夢想，都寄託到老二身上。這屆二寶不容易，他們不是備胎，而是救援隊。他們不是隨便帶帶，活著就好，還得牢記使命，不忘初心。老大沒生好，還能彌補；老二再出包，可就沒救了。

我以前的一個同事，生兩胎的理由是「大女兒啟蒙晚了，輸在起跑點，所以再生一個。這次一定要嘗嘗贏在起跑點的滋味」，於是她又生了一個女兒。

二女兒一歲半就上了鑽洞爬坡的學前先修班，開銷快五萬。如今這孩子上了一年級，我問朋友，「在大女兒身上積累的遺憾，在老二這裡補回來了嗎？」

她笑笑，悠遠綿長地說道：「以前每次教訓完老大總感覺沒發揮好，現在教訓老二時，多少有了些經驗，無論是措詞準確性，還是下手的力道，我自己都更滿意了，呵呵……」

她還說：「老二不一定能用到老大用過的東西，比如戒尺，我還是買了新的，因

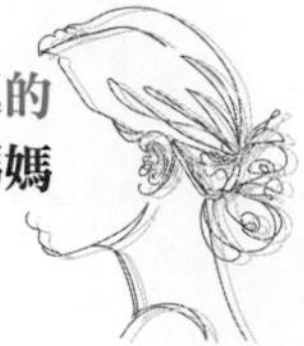

為老二得用更結實的，她皮更厚。」

看來，老二不但不能當豬養，反而得用力更猛才搞得定啊。

我身邊還有個媽媽，覺得老大帶得糟糕，養成了各種壞習慣，特別不好，心力交瘁，於是想生個老二，從頭來過，體驗一下成功育兒的成就感，畢竟感覺自己有了一身好功夫卻無處發揮。

懷老二時，她飽讀詩書，努力做胎教，希望二寶贏在子宮裡。她滿懷信心，翻閱無數育兒寶典，企圖彌補帶老大時沒實踐過的理論。甚至拿出小本子，列出自己的「失誤清單」，決心把二寶帶成一個完美小孩。

一年後，她咬牙切齒地努力了半天，卻不見成效，二寶天天跟著老大學啃手指頭、亂丟東西、挑食、大吼大叫……不管什麼都是秒會。

呵呵，父母眾裡教她千百度，驀然回首，那人已和哥哥學壞在燈火闌珊處……

這種「精神彌補型二寶」真的不好控制。

生小孩有點像炒股，頭胎順風順水，第二胎就是高檔加碼。頭胎不盡如人意，第二胎就是低檔加碼。不管是高檔還是低檔，都可能瞬間把你套牢。

破低停損是不可能的，這輩子都不可能。

有一次，我問一個養了兩個孩子的朋友，「是不是大部分頭胎好的，老二就讓人失望？」

她說：「大部分更像我這樣，頭胎很失望，老二更失望。」

唉，帶著使命而來的老二，也沒法滿足老母們膨脹的欲望啊。所以大家還是別看老大光耀門楣不成，又指望老二。有這功夫，還不如加把勁，自己去光耀門楣呢。

第四章

媽媽不在家，父子樂開花

帶大一個孩子的過程，和施與管教的過程，很可能會使一個家長感覺自己變得面目全非……

對教育的焦慮會讓我們生活的各方面產生改變。我們會變得敏感、脆弱，也會變得好奇。而最大的變化是家庭關係上的。生孩子之前和當父母之後，我們整個心態和處事態度可能都變了：

我們一面在孩子身上變得熱情、張狂、肆意，一面卻在配偶身上變得寡淡、冷漠、枯燥。

久而久之，現實會令我們大驚失色。你會發現：夫妻兩人的談話中再也沒有了風月無邊，只有作業無限；十年之後的婚姻似乎也少了溫馨、浪漫，只剩陪讀路漫漫……

家長為孩子付出的絕不僅是金錢，默默陪葬的還有自己的精力、時間、周遭的環境、生活的氣氛、追求情調的積極性……

媽媽不在家，父子樂開花

我們總覺得自己太重要了：孩子離不開我，孩子他爸離不開我，全家離不開我——全世界離不開我。

收到了幾個地方的盛情邀約，請我去當地旅行兼當旅遊形象大使。

要是在以前，我會感覺我的春天來了。我童年的夢想就是可以瀟灑地仗劍走天涯，走遍五湖四海都有人招待。

現在突然面對這麼多邀請，我卻只能遏制住內心的衝動，淡定且客氣地告訴他們，「好的，**等孩子考完大學**，我就來。」

實不相瞞，**「等孩子考完大學」**是一種法寶，它就像一道魔咒，對一個中年婦女來說能鎮壓和抵擋一切。

當你不想做一件事，你可以說**「等孩子考完大學就做」**。

當你不想見一個人，你可以說**「等孩子考完大學，我們見個面」**。

當你想做卻做不了，想見卻見不了，又找不到充分的理由時，只要說**「等孩子考完大學」**，對方一定會瞬間理解、諒解、接受，甚至產生同情。

對一個中年婦女來說，「孩子要考大學」還能成為一個萬能的理由，掩蓋種種外在與內在的問題：

- 「你怎麼又胖了？」——「孩子要考大學，壓力肥。」
- 「要不要辦一張健身會員卡？」——「孩子要考大學，我沒空。」
- 「你的情緒怎麼不穩定？」——「孩子要考大學，焦慮。」
- 「那你家孩子還有多久考大學啊？」——**「六年。」**

其實，你都不用拿考大學當幌子，「等孩子期中考結束」、「等期末考考完」、「等孩子開學後」、「等孩子放假後」，也都行得通。

對中年婦女來說，**只要小孩還沒長大，那就只有一個字：「磨」。**

孩子真是中年婦女探索世界的攔路虎和絆腳石，同時也是最好的擋箭牌，阻擋了紅塵凡間的許多蠅營狗苟，讓我們減少出門，讓世界變得簡單了。

其實吧，還是中年婦女總覺得自己太重要了：孩子離不開我，孩子他爸離不開我，全家離不開我，全世界離不開我。

每次單獨出門前，對自己說：「地球要轉，差我一個嗎？」

出門二十四小時後，捫心自問：「沒有我的日子裡，他們父子倆會不會餓死？」

離開家七十二小時就要靈魂拷問：「我離開太久，是不是斷送了兒子的前程？」

一週後，帶著愧疚又激動的心情回到家。一進門，看到父子倆橫七豎八地躺在沙發上時，就會回到最初的起點，「地球要轉，差我一個嗎？」

然後默默期待下一次有合適的機會再逃出去。如此往復循環，樂此不疲……

由於對自己重要性的誤判，我們中年婦女經常左顧右盼。

就像這次，我千里迢迢地跑去鄉下，最開心的是拋夫棄子，最大代價也是拋夫棄子。

我在山裡的時候，叫我媽去我家關心一下貓，其實是打探父子倆在家幹麼。我媽說「他們倆在下棋」，然後傳了一張照片給我。果不其然，公園老人下棋標準配備：拖鞋、睡褲加吊嘎，一把摺扇一杯茶，要是再配個鳥籠和若干個蛐蛐罐，那就完美了。

一股傷感湧上我心頭。可憐我兒剛十二，大好年華小鮮肉，竟被他爸爸薰陶得像個退休老人似的。我好不容易為他培養出來的瀟灑倜儻氣質，轉眼就被他老爸摧毀了。

為什麼我不在家時，他們倆總能做出這種奇怪的事呢？

家裡那麼多好好的桌子、椅子偏不用，非要擠在小凳子上，弓背低頭的，拿個破紙箱墊著，這也舒服？

我問我媽他們為什麼不去桌上下棋，她回：「桌上沒什麼地方了。」然後又傳來一張照片。我看了一眼，確實滿了。

偌大的一張桌子，我走之前收拾得乾乾淨淨、一塵不染，才沒幾天就堆得像個雜貨攤，僅存巴掌大的留白，只夠我家貓蜷縮其中，黯然神傷。

我給兒子打電話。

「你把你爸照顧得怎麼樣？」

「爸爸洗碗的時候，把小盤子卡在小碗裡了。」

「然後呢？」

「試了好幾天，還是沒拿出來。」

「爸爸買了一個新的自行車輪胎。」

「然後呢？」

「然後他自己換好了新輪胎，結果出門逆向騎車，剛出去就被罰款。」

「爸爸買了一袋香蕉放在後車廂，忘了拿出來。」

「然後呢？」

「後車廂發酵了。」

遠隔千里的我，在遭受這一連串強而有力的現實打擊之後，整個人都不好了。一整晚，腦海裡反覆出現的都是這些：好啊！這回集齊了完整罪狀，可以召喚神龍了。我偶爾出個門也不讓我安心，是覺得我還不夠佛系，想再磨磨我嗎？

拿起手機，目的倒也不是訓孩子的爸，主要是讓他意識到自己最近自由散漫的狀態，對孩子的成長不利，應該懸崖勒馬。

當我開始批評他把兒子帶得烏煙瘴氣的時候，他說：「你不在家，在我的教導下，**兒子的期中考大大進步了**。」

一聽到這個，我忘詞了。剛才想說什麼來著？我都準備了哪些罪狀來著？冷靜，不能被喜悅沖昏頭，先把該說的事說完。

「你怎麼讓小孩不做功課，蹲在地上陪你下棋？」

「兒子的期中考大大進步了。」

「你怎麼能讓小孩晚上喝茶？」

「兒子期中考發揮了不俗的實力。」

「你怎麼讓貓咪孤零零地趴在桌上？」

「兒子期中考被老師稱讚。」

「你怎麼還騎自行車出去逆行？」

「兒子期中考進了全年級前十名。」

……

只要你別看，家裡就是乾淨的。
只要你別聽，家裡就是平靜的。
只要你別問，父子倆都是非常優秀的。

呵呵，此時此刻，我說什麼都是虛妄。期中考有巨大進步這件事，我覺得他可以一直說到兒子找對象，哦，不，可以一直說到孫子上小學。

孩子的好消息和壞消息，都是中年夫妻的磨刀石。每個心情好的媽媽，都會因為老師一通告狀電話瞬間變得歇斯底里；而每個在氣頭上的媽媽，其實只是缺一張得了A＋的考卷而已。

只要成績好、被稱讚、有進步，孩子就可以不做作業、晚上喝茶、房間裡亂七八糟、不照顧貓、不聽我的話……是的，那時我們就沒有稜角，光滑圓潤。

孩子是媽媽的擋箭牌、爸爸的勳章，夫妻彼此吐槽的矛和盾，以及跟塑料姐妹們八卦時的遮羞布和炫富牆。

雖然我當時仍然保持氣急敗壞的氛圍，掛了孩子他爸的電話，但一轉身，我就差點去村裡的廣播站借個喇叭，通知全村：我兒子期中考大大進步了！

同時，我也參透一個道理：中年婦女不要覺得自己不可或缺，也不要總是委屈地覺得自己被孩子束縛。

你看，我們不在家的時候，人家不都好好的？

只要你別看，家裡就是乾淨的。

只要你別聽，家裡就是平靜的。

只要你別問，父子倆都是非常優秀的。

以前我也很難做到這一點，但近兩年發現掌握得愈來愈遊刃有餘。我這個大鐵杵可能已經被磨成針了。

也許你的孩子和「考試大大進步」的孩子之間，只差了一次媽媽說走就走的遠遊。每個中年媽媽都應該放低自己的存在感，多出去走走。無盡的孤獨、思念的折磨就自己默默承受吧，一切還不都是為了孩子。

補習問老公，一問全劇終

男人對補習班的口頭禪是「沒有用，騙錢的」。

對性格養成的不同理解和對自我認知的執著，往往是許多中年夫妻的衝突點之一。

剛有了兒子那年，我曾經是這麼想的：我的孩子獨一無二，為什麼要成為誰誰誰。憑我對兒子的愛與自信，他想做什麼，我都支持，他想怎樣長大，我都同意。

結果事與願違。

他不到兩歲時，我就沒收了他的小汽車，打開識字卡片的盒子，並且理直氣壯地告訴他，「你不讀書識字，以後就沒法實現汽車自由。」

他五歲的時候，我開始糾結到底要不要讓他學拼音，畢竟同班的小朋友都已經會用英語扮家家酒了。

他九歲的時候，我又開始徬徨到底要不要讓他補習數學，畢竟同班的很多同學已經開始在比獎狀、證書的厚度了，而據說那是某一類學校的敲門磚。

他十歲時，我開始發愁荒廢整個暑假是不是太過分，畢竟同齡的孩子在這個節骨眼上，都已經把國中第一年的課本啃完了。

於是，每一次對性格養成的堅持，最終還是輸給了大自然。

而做爸爸的呢，在每一次堅持「做自己」的戰役中節節敗退，最後只能選擇當媽媽的「特助」。

這年頭，無論當爸爸還是當媽媽，在孩子成長的某些時刻，總會感覺到自己的無力。「輸在起跑點上」的恐懼如同一把血淋淋的屠刀，架在每個爸媽的脖子上——你可以不理它，它卻不會不理你。

當爸爸的對這種「花錢找罪受」的事情，大多具有排斥本能，而且說得好像很有道理：「上那個課有什麼用？都是浪費時間。」「你看那個誰誰誰什麼班都沒上，不是也很好嗎？」

這個世上不是只有熱血媽媽，更多的是模稜兩可的老母。她們正在左右搖擺，一手摸著自己的錢包，一手盤算著各種利弊，期待有一個人馬上站出來幫她拍板定案。當爸爸說：**「報報報！」**媽媽就有了立即行動的動力。當爸爸說：**「不報！」**媽媽也就退縮了，畢竟誰也不想整天往返補習班，浪費自己的時間，消耗自己的荷包。

其實每一個成功的熱血媽媽背後，都有一位屹立不倒在支持她的爸爸。

如果不能達成意見一致，每一場補習都能成為夫妻倆和諧相處的絆腳石。

在群組裡聽說了一個小故事：有對夫妻吵架，吵到老公被趕出家門。起因是爸爸帶一家人出門吃了頓四千多塊錢的飯。剛回到家，孩子的媽說要幫小孩報個考前衝刺班一千兩百元一堂，被爸爸嚴厲斥責說浪費錢，於是夫妻倆吵了起來。

妻子說丈夫只知道自己吃喝玩樂，捨不得為了孩子的教育花錢；丈夫說妻子只會給那些騙錢的輔導班送冤枉錢，孩子的成績一點都沒進步。最後妻子一怒之下，把老公轟出了家門。

這件事告訴我們：安全起見，什麼錢都可以省，但是給孩子報名補習這方面還是得聽媽媽的，畢竟她們現在就這麼點嗜好。

男人對補習班的口頭禪是「沒有用，騙錢的」。而對媽媽來說，報補習班就像買面膜，買回來也不見得用，用了也不見得皮膚就能變好，但不買就等於認命了。

當爸爸們認清這個現實問題之後，一切也就迎刃而解了。

如果你習慣了在每次吃大餐的時候，看到的牛排不是牛排，而是兩堂數學菁英班；看到的龍蝦不是龍蝦，而是兩堂英語能力提升班，那你們全家的格局就調到一個頻道，生活也就和諧了。

大多數的爸爸，對課外補習是嗤之以鼻的。

前幾天，朋友說想幫孩子找一間補習語文的機構，但是孩子的爸爸看不上任何補習班的語文教學，說他看過那些老師的影音授課，一個個看起來都像在講評。

孩子的媽火氣上來了，跟爸爸立字為據：語文歸爸爸。如果孩子語文沒學好，爸爸就直接打包走人。

久經考驗的鐵打戰友兄弟情，刀山火海中沒有倒下，荊棘密布中沒有分散，最後，他們的命運竟然交給了孩子的語文……

孩子也壓力大，萬一語文沒學好，要爸爸還是要媽媽，選哪個？

有了孩子後，爸爸和媽媽的消費觀日趨背道而馳。

媽媽在教育孩子這方面是永遠的優惠愛好者。一看到團購課程就兩眼放光，要是有免費試聽，說什麼也要去。

但爸爸就會認為「你又上當了」。

朋友形容她老公對消費的認知是這樣的：自我感覺良好的老父親認為孩子什麼補習都不用，就能考上好學校。然而，他每週逛一趟山寨古玩大街必不可少，今天帶回來一對核桃、明天拿回一個葫蘆；出差必遛當地的茶城，什麼季節喝什麼茶、什麼茶用什麼壺，養茶寵比養小孩還認真。孩子失手摔破了一個茶壺，他不衝上去看看孩子的手有沒有破，而是拍著大腿喊：「我的茶壺！」

對媽媽來說：一個茶壺＝一期大班暑期課。

媽媽和雲配偶分別支撐起社會的不同產業。媽媽們拯救了教育產業，爸爸們活絡了邊緣經濟。

這廂老媽最新版的《大學必中歷屆模擬試題》還沒到貨，那頭老爸早已二話不說便莫名其妙換了昂貴的汽車大燈，神經病。

經過我多方面的研究調查，發現大多數媽媽都有同一個領悟：雲配偶們普遍對吃喝玩樂很捨得花錢，對孩子要報名補習就很遲疑，因為他自己從來沒上過，他就認為補習班跟直銷一樣屬於願者上鉤，還覺得為了教育花錢不實際。

爸爸一般用意念提升孩子成績，然後以減壓為名帶孩子吃喝玩樂。

可是話說回來，現在的補習班確實變味了，成了很多家庭「不得已而為之」的必選項目。家裡有女兒的，要把女兒培養成國色天香；家裡有兒子的，要把兒子培養成國家棟梁。這難道不是當年扮家家酒時的簡單心願？

我有個男同事，生了兩個小孩。有一次聚會，他低聲對我說：「姐，你勸勸我老婆。她迷信補習班，已經走火入魔了，讓她理智一點。」

我想了半天，想出一個對策。我對他老婆說：「你如果少幫孩子報幾個補習班，你們一家人還能朝朝暮暮。要是報得太多，你老公就得去公司常駐的非洲維修站，一邊修理農機，一邊挖鑽石，否則養不起全家。」

我以為他老婆能幡然醒悟，誰知她張口就問：「去非洲的薪水比現在高嗎？那要他快點去啊！」

你看，在孩子補習和雲配偶之間，中年老母選A。

於是，在孩子補習和去非洲之間，中年男人也只能選A。

所以最後的結果很明朗了，以後的大趨勢就是選Ａ。
補習問老公，那不是全劇終，那只是故事的開始。

當初讓你心動的那個人，後來讓你心臟病發了嗎？

只有當沒有消息就是好消息時，才能重溫一次心動。這應該就是「雲心動」吧。

有一次出差一週，我沒接到兒子的電話，也沒接到他老爸的求助急電。在我每天三十多字的遠距提醒事項列表傳過去之後，只是收到一個「ＯＫ」，我便能心安理得地埋頭繼續浸入火鍋裡。偶爾享受一次當雲配偶的感覺，還挺不錯的。

幾年前，我還沒這麼佛系。那時出門一天，兒子沒主動打電話來，我就會亂想：「他居然不想我?!」忍不了，我一邊自怨自艾，一邊打給兒子。他以他渾然天成的直男天賦「嗯，哦，好的」回應我。當真相思相見知何日，涼入深秋老娘心。

想想人家女孩的媽媽，每天接到五六通電話，說我想你、你什麼時候回來之類的，我羨慕極了。女孩的媽媽卻仰著頭對我說：「你真幸福。兒子不來煩你，不會從早到晚纏著你問粉紅色的米妮髮箍放哪裡了、艾莎的裙子掉了一顆釦子怎麼辦、爸爸肚子圓滾滾的滾字怎麼寫……」

唉，家家有本難念的經。我家的經比較寡淡，倒不失為一本好經，不聒噪，更容易讓人成佛。

離家上千公里的我，以一個老母親多愁善感的情懷，感慨著「兒子長大了」和「孩子他爸終於能自理了」。我為隊友能獨當一面、全面撐起一切而感動，想像著他們父慈子孝、同甘共苦的樣子——沒有我的日子裡，他一把屎一把尿地照顧兒子，排除萬難斬妖除魔，窗前燈下蠟炬成灰。高大的老父親形象拔地而起，想到這裡，我感覺以前錯怪了他。

糟糕，這瞬間，像極了心動的感覺。

就在這時，我接到老師的「投訴」：作業漏做，默寫錯太多，各種不過關……

你知道那種感受嗎？大概近似於：剛愛上一個人，卻發現他已婚。

中年婦女千萬不要隨隨便便就心動。可能你的每一次心動，都是心律不整的迴光返照，是為下一秒的心肌梗塞做出的勉強磨合。動得愈快，堵塞得愈慘。

我只能默默收回自己幼稚淺薄的心動，倒出速效救心丸，數一數還夠撐幾天，不夠再買一點。**我們這個年紀，也只有隔著一千七百公里的距離並且「沒有消息就是最好的消息」時，才能重溫一次心動。這應該就是「雲心動」吧……**

雲心動隨時會被雷擊中，變成閃電暴雨，傾盆而下，化作湖水，我的淚……

哦，不，此刻，那湖水表面平靜，水下暗礁林立，漩渦成堆。我們倆這艘友誼的老船，還沒升起思念的風帆，就要又一次被我一巴掌拍翻了。

當我連滾帶爬回到家，打開家門的那一刻，我的貓第一個跑過來訴苦，用滿帶哀怨的眼神演繹了「沒媽的孩子像根草」。

客廳像犯罪現場，兒子的衣服遍地開花，貓的玩具在茶几上生根發芽，雲配偶的電烙鐵在電視前三叩九拜。廚房像六百年前的遺跡原址，鍋子黑漆抹烏地躺在水槽裡呻吟，抽油煙機滴著悔恨的油跡，垃圾桶裡充斥著生命不能承受之輕……

當初陪人家看月亮的時候，愛心爆棚關愛小動物，永遠不忘記餵流浪貓，每天把房間打掃得整整齊齊，分類擺放一副強迫症既視感，做飯收拾廚房，拆洗抽油煙機的專業手法一條龍……現在趁著老婆大人不在家，他還是露出了猙獰的尾巴。

呵呵，男人。

如果我對以上任意一點提出抱怨，「我沒空，我還得帶小孩啊！」就是他永恆的護身符。

出差，遲早是要還的。「距離產生美」的幻覺，就像開了美顏和濾鏡的鏡頭，遲早要面對卸妝素顏赤裸相對的惶恐。

有時當我們剛給自己個機會，打算紅塵作伴，活得瀟瀟灑灑，就突然落寞地發現，共享人世繁華的心還在，策馬奔騰的力氣已經沒了……以為是被青春撞了一下腰，其實是直接被撞成了椎間盤突出。

瞥一眼身邊衣帶漸「緊」終不悔的雲配偶，我們怎麼也想不明白，當初讓我們心動的那個人，是怎麼變成讓我們時常心臟病發的人……

這些年為了從根本上預防心臟病發，我也努力改變了不少，做到既能撒嬌，也能「撒潑」，演技日臻精妙，仍刻苦研習，把為人母、為人妻的全套流程做成標準

化。縱然心裡已經把這傢伙煎炒烹炸一百遍，還是要微笑著讚美一下把白襯衫和紅褲子一起洗的不鏽鋼直男。

「哎呀，今天您親自用洗衣機，辛苦了。」

婚姻就和我們的高等教育差不多，嚴進寬出。

結婚時，都以為進了一座象牙塔，高枕無憂。後來才知道，「不是我上了大學，是大學上了我」，不是愛情需要婚姻，而是婚姻登記處需要工作量。

以前我始終覺得，自己愈來愈優秀了，難道不應該更有魅力嗎？難道不應該誘發老公的持續心動嗎？

後來我明白，他也心動不起來了。他一心動，也容易心臟病發。

曾經讓一個女孩在深夜裡輾轉反側的，可能是愛情。如今讓中年婦女在深夜裡輾轉反側的，卻只有孩子的升學。

曾經讓一個女孩脫口而出的，是純粹的依賴和深深的思念。如今讓中年婦女脫口而出的是〈三字經〉和〈出師表〉。

是我們失去了情趣嗎？沒有啊，我們在文化這一點上拿捏得死死的，難道不性感嗎？

曾經在紅塵裡撒潑打滾，拚命修練，率性又瀟脫。如今每天拉著孩子奔波於學校、夏令營、才藝班……

曾經只選收腰的小裙子，如今專挑寬鬆顯瘦款。

曾經研究旅行攻略、戀愛勝地。如今潛心鑽研的只有哥本哈根減肥法、無麩質飲食法……

曾經吃遍天下也面不改色心不跳，晚上還能來一杯糖奶正常放的奶茶助興，暢談人生。如今翻出拉不上拉鍊的牛仔褲就扔，看到數字不滿意的電子體重計就砸。

如果說曾經讓我心動的人，現在只能讓我心臟病發，那麼曾經為我心動的那個人，估計早已經自我搶救了好幾輪。

想到自己可能比鹹蛋超人還缺乏女人味，我釋懷了。周而復始，終於明白我們一點也沒虧。

我們把大好青春獻給了雲配偶，把美好的節假日獻給了陪讀，把昂貴的晚霜獻給了枕巾，把聰明才智獻給了數學題……即使這樣，我們依然摸爬滾打著沒有放棄，敢於尋找久違的心動。這是一種什麼樣的勇氣？

做一個對自己狠的女人不難。做一個本來在抱怨雲配偶，但想著想著卻開始自我反省的中年媽媽，是真的狠。連自己都敢下手，世間悲苦還能奈我何？

回到家，還得把前些天欠的債補一補，該訓的訓，該罵的罵。然後默默打掃房間，整理雜物，重塑家的氣息，好讓我的「雲」也能偶爾體會一下心動的感覺。

當代無性婚姻，一場高級的出家

千萬別拿別人來做對照組，否則沒氣死，也少了半條命。

當代婚姻中，「無性」比例是多少，我們不知道，也不敢問。但是現代人對「無性婚姻」的敏感度有多高，基本上我們心裡有數。

凡是提到無性婚姻，不管已婚的、未婚的，都豎起了耳朵。無性婚姻的比例應該不小。**大家好奇，正是因為想看看有多少人和自己一樣，以便確定自己是否正常。**

也許很多人覺得「無性婚姻」是一種困擾。我之前也經常思考，婚姻的品質是否會受此影響。

但後來我想明白了。就像兩個挑食的人，我不吃大蒜，你不吃香菜，因為這兩道忌口，我們兩人就不能一起生活嗎？大可不必。因為大蒜和香菜都不是主食。我們吃的主食已經太多，讓人的精力和胃口都到了極限，那麼大蒜和香菜的有無，其實可以忽略不計。

現代婚姻差不多就是這樣。那麼多瑣碎的煩心事擺在眼前，愈來愈多人沒空去思考「性」的存在。

今時不同往日，現代婚姻有新的結構，不要偏離本質就行。至少不要因此過於困惑，也不要跟別人比。我有些朋友，孩子都挺大了，她們屬於那種會對別人發出驚呼的「什麼，你們居然一週**才**三次？」。所以你看，婚內性生活的頻率，千萬別拿別人來做對照組，否則沒氣死，也少了半條命。

那無性婚姻和出軌離婚，是不是因果關係？是先無性再出軌，還是先出軌才無性？是先有雞，還是先有蛋？

出軌者並不一定是因為婚內無性，而是因為他就是要出軌。離婚也不一定是「無性」導致，大多數離婚，還是因為個性或精神層面不能融合。

說七年級的夫妻無性，六年級的朋友不高興，覺得自己被忽視了，連八年級的都跳起來，「瞧不起誰呢？誰不是結了個佛系婚啊！」

這年頭，好多人結婚就跟出家差不多。這就是一場修行，而且不沾葷腥。本來是外面的不沾，現在連家裡的也不沾了。

純修佛性，多年後會發現自己肉欲少了，妄念沒了，平淡是真了。

如果唐三藏生活在現在，他完全可以和女兒國國王結婚，反正結了婚也依然守身如玉，二人如兄妹般相敬守禮，共同切磋佛法。就像我們現代夫妻一起切磋數學題和語文考卷一樣純潔，這可是至高水準的大和諧啊！

這屆婚姻可比三藏那時候優越得多，主要是大家更開明、更講道理，男人女人已經突破千百年封建保守意識的束縛，把「性」這件事端上了檯面。

這可是一大進步啊！只不過落花有意，流水無情。大家剛培養了性解放的意識，但是性已經不需要解放了，**它只想靜靜**。

其實在婚姻裡，男女雙方在「性」這件事上，並不是完全對等的。比如當一個女人表現淡漠、愛理不理、毫無興致的時候，男人通常不會想太多。可是當男人表現淡漠、愛理不理、毫無興致的時候，女人卻會套用三種理論。

- **理論一：「他不愛我了。」**
- **理論二：「他出軌了。」**
- **理論三：「他身體不行了。」**

基本上沒有例外。

這被男人認為「神經質」、「歇斯底里」、「無理取鬧」的三點，是女人的大腦結構和生理特質所決定的，而不是由什麼理智、邏輯、證據決定。所以男人哪，長點心吧，別老是「我怎麼怎麼樣」。你結婚了，你要考慮的應該是「我們怎麼怎麼樣」，不然你老婆太委屈了。

但女性也應該理解，現代男性真的和以往任何一代男性都不太一樣。他們非常多元，存在各種奇形怪狀的個體差異，有著我們完全難以想像的特質，也真的不是「只要我願意，沒有得不到」。

現代男人漸漸演變成不再完全用下半身思考的動物，這是進化史上的一個突破，但可能是婚姻史上的一個「黑洞」。

結婚前，大家說「沒有愛的性」是不負責任。

結婚後，我們才發現「沒有性的愛」也是不負責任。

當了媽後，很多人終於明白婚姻的形態原來可以如此多元，兄弟情、戰友情、親情、人道主義、助人為樂、討拍，都有，但就是愛不明顯了，性也不明顯了，甚至連性別也不明顯了。但婚姻依然還是一個婚姻，以它隱蔽的、不為外人所知的姿態堅持著。許多中年夫妻的婚姻狀況是：無愛，無性，有小孩。但他們真的覺得自己很悲哀、很痛苦嗎？也並不一定。

有句話說「優秀的女人都是無性的」。起初我認為這句話可能是從性別角度吧，優秀的女人，雌雄同體，不分男女，什麼事情都做得到，因此才優秀。後來我發現，這個「無性」不光指性別的模糊，也是真的無性啊。為什麼呢？因為她們忙啊！

我認識一個三十歲的妹子，她對我們坦言：白天忙工作，面對各種人，每天都很緊湊，晚飯也隨便吃吃，回到家坐定下來已經十點，洗個澡睡覺，根本不想滾床單。她可是新婚啊！

我們問：「那你老公呢？」

「他很開心地去打遊戲了。」

原來很忙的不只是女人，男人也有了更多選擇。新婚燕爾都比上一屆更佛系，更別說中年夫妻了。

所以啊，別給自己那麼多責任和壓力。吃多了會膩是人類的本能。更何況我們每天面對的，是那個容顏不斷蒼老、腰圍持續增加、霸占馬桶不放、不會帶孩子只幫倒忙、要麼雲霧縹緲要麼指手畫腳、看見就想吵的另一半——讓你彷若初見、毫無心理障礙地突然下手，你做得了？

過去，「性生活是否和諧」是判斷婚姻好壞的標準之一。那些書籍雜誌，會把性生活不和諧描繪成洪水猛獸。

時至今日，愈來愈多的人已經沒空去重鑄「性對婚姻的意義」了。現代女性忙於事業的愈來愈多，腦子裡想的大事列表比老公想的還多，同時還要兼顧家裡的瑣瑣碎碎，她們並不需要「採陽補陰」啊。她們只想靜靜。

男性也不再和過去那些時代裡的男性一樣，要展現雄風，靠性生活的「按時定點定量」給女性安全感。女性自己給自己的安全感已遠超於此。

綜上所述，結婚多年後，性生活從形態上和功能上都變了。也許可以錦上添花，但不是必需品。也許可以起到助興作用，火上加油，但肯定不是壓軸重頭戲和雪中送炭。

這種高級的佛系，有些人理解不了，說：「扯那麼多幹麼？無性就是關係不和諧啊！」

那也不一定，婚姻的和諧，有多種表現形式，這同樣要與時俱進。過去的人時間充裕，娛樂貧乏，長夜漫漫，沒事好做，要不就睡覺吧；睡覺也沒啥可思考的，要不就滾床單吧。但現代人不一樣，大晚上的，大好時光，用來滾床單？男的打遊戲、玩手機、跑步、健身不好嗎？女的追劇、看八卦、聊天、學習智鬥小三酣暢淋漓不過癮嗎？再不行，看一下小孩作業，低血糖和低血壓一下子全好了，這還不健康嗎？

當我們焚香沐浴，如出水芙蓉般走近六尺大床，你是更想靜候佳人，還是更想獨自放空？

摸著你的肚皮，好好思考一下再回答。

大多數姐姐沒有乘風破浪，只有驚濤駭浪

姐並不需要能上舞台才算優秀。姐自己就是個舞台。

有一陣子，有個比較火的綜藝節目是乘風破浪的姑奶奶，哦，不，是《乘風破浪的姐姐》。那段時間一打開網路貼文，都是那些又瘦又美又有錢的姐姐。

一夜之間，「姐姐」開始吃香了。原本在婚戀市場被挑挑揀揀、在職場不上不下、在生活和工作雙重追殺下焦頭爛額、被「後浪」拍得失去方向的姐姐們，忽然被捧上了天。人到中年的灑脫與嬌媚、閱歷與勇氣、張揚與自信，天天上網路熱搜。

令人欣慰的是，綜藝節目終於肯把焦點從不到二十歲的少女，轉移到三十多歲的姐姐身上了。

我身邊真正為之著迷的，基本上還是以少女居多。女孩們呼喊著：「看了這個節目後，我再也不怕變老了！」

再問三十多歲的朋友對這個節目有何感想，她說：**「等我小孩考完試，我再抽空看看。」**

怎麼說呢，三十多歲的女性是一個複雜的物種。她當然需要澎湃、激昂、奮進的那股勁頭，但她也具備慵懶、墮落、頹廢的生活氣質。

而這個節目，包裝得完美無缺，姐姐們都是女神，渾身全是優點。

那些美好而正能量的標籤：「三十而『驪』」、「一切過往皆為序章」、「乘風破浪」，為這個節目定了調調，打破年齡的桎梏，不懼歲月的沖刷，敢於面對真我。姐姐們優秀的樣子，在一片整齊的讚美聲中發光發熱。

是啊，誰能說這不好呢？畢竟同為三十多歲的我遜色多了，要姿色沒姿色，要財富沒財富，要成就沒成就。和姐姐們一比，我大體也就是個失敗者。

可是問題就在這兒了。

這個世界本無失敗者。作秀的人多了，也就有了失敗者。因為這些秀，引導人們產生新的成功者標準：哇哦，你看你看，這樣的姐姐真是人生贏家，身材保持得那麼好，皮膚保養得那麼美，穿著有高級感，事業非常成功，有幾項特長，擁有一段或幾段被傳為佳話的感情，自信飛揚，不在乎他人眼光，而且很有錢。

三十多歲女人的「成功標準」又一次具象化，但這個具象遙遠極了。

你要知道，你也許能逃避脫髮，但你逃不掉這個世界的「雙重標準」。

節目上，姐姐們的「飛揚」是「飛揚」；生活裡，姐姐們的「飛揚」可能會被定義為「臉皮厚」。節目上，姐姐們的「低調」是「低調」；生活裡，姐姐們的「低調」可能會被認作是「自卑」。人家在節目上「說話直」會被誇成「耿直率真」，但在生活裡「說話直」，你是真自目。人家在節目上使心計會被認為是「心思細膩」，但在生活裡使心計，你是真愛耍心機……

就連同在舞台上的人，大咖的說什麼都被評論為可愛、有個性，小咖的說錯話連自目都不配，只配擁有「實力不夠」的定論。

現實和你看到的表象，有著馬里亞納海溝一樣深的差距。

現實就是，大多數女性在三十多歲的時候，也許擁有一份穩定的工作（**不是事業**），也許擁有一個家庭（**不見得完美**），可能有一個小孩（**不一定教育得很好**），為人處世盡量低調（**因為不想惹事**），張口閉口少有詩和遠方（**都是老公和孩子**），也做不到隨性、耿直（**那樣只會得罪人**），更不能一口一炫富當作驕傲資本（**很快就沒朋友了**）……

她們的生活時而小心謹慎得像顆塵埃，時而又粗獷豪放地消滅所有難題。她們大多數時候沒有什麼乘風破浪，只有驚濤駭浪。

而在不接地氣的秀場，只有精心打造的顏值才配乘風破浪；顏值不高、身材不好的女性掀不起大風大浪。被萬人追捧、日進斗金，才叫乘風破浪；平淡無奇又沒有財富可炫的女性，沒機會興風作浪。

這無疑又不動聲色地提高了女性自我要求的標準。

普通三十多歲女性不靠顏值吃飯，不能成為大眾焦點，她們的存在感和價值感，基本上靠自娛自樂。

在二十歲時，她們夢想將來成為「乘風破浪的姐姐」，嫁給愛情，贏得事業，人前張揚高調，人後努力前行，保持人生巔峰。而在三十歲時，她們又會渴望回到十

年前，因為發現自己不但沒變成想像中的樣子，甚至還變成了自己討厭的樣子：生活裡常有不滿，對未來還有焦慮，習慣身處一地雜沓也笑著活下去，和大多數人一樣，看著年輕人羨慕不已。

每一個女孩都努力認真地生活著，為什麼要分出成功和失敗？為什麼要讓某一種「樣板」成為自己唯一的方向？

即使是想法夠正向的女人，在當媽後沒幾年，衡量成功的標準又將被現實冷冷拍打。不管你如何花枝招展、身材窈窕、一身名牌，卻不一定比那個戴著厚玻璃瓶底眼鏡、穿著純棉襯衫、從不化妝的女人更令人羨慕，只因為她家小孩是學霸。

我們不能只強調女性要追求卓越和成功，別忘了女性更應該「自我認可」。

不管你是可以上得了舞台的姐姐，還是進得了自家廚房的姐姐，誰可以判斷你的價值高低？

舞台上的姐姐，放到廚房裡可能什麼也不是。**把你放到舞台上，你多少還能表演幾項雜技：左手抱小孩、右手炒菜，脖子上還夾著手機跟客戶討論兩億大案子，同時廁所裡的孩子他爸還等著你拿衛生紙給他……**

每個年齡都有其該有的素養和價值。四十歲時，你非說自己心理年齡十八歲，那麼我覺得你心智不健全。四十歲時，你仍不斷羡慕電視上所謂的成功，那便是太天真。

姐並不需要能上舞台才算優秀。姐自己就是個舞台。

大多數姐姐沒有聚光燈，穿不下S號的露肚裝，但是賺錢、帶孩子兩不誤。連續一週熬夜加班，回家照樣幫小孩做手工作業。半夜帶孩子看急診，早上照樣畫個大紅唇見客戶。應付各路老師，還能安撫家裡的百斤巨嬰。動手術能自己開車去，還能即時策劃百人以上的親子活動。這不叫乘風破浪？這都能叫降妖除魔了。

人到中年，華麗的袍子見多了，大家更享受在彼此袍子裡活捉蝨子的快感。應了羅曼・羅蘭那句話：「**世界上只有一種真正的英雄主義，那就是在認清生活的真相後，依然熱愛生活。**」照著這個座右銘去做真人秀節目，那才叫正能量。

每個人婚後都能活成哲學家，不限男女

當年我看上十三姐夫哪一點？……也許我是看上了他的性別吧。

一個乘風破浪的中年婦女，思想就像脫韁的野馬，而我的家裡沒有草原。

有天晚上，孩子他爸一邊吃著晚飯，一邊淡定地對我說：「我爸媽在來的路上，一會兒就到。」

我一瞬間從椅子上跳起來，奪過他的碗。「你別吃了。你爸媽一定會帶粽子來，等一下我們當著他們的面，一人吃兩個粽子。」

他問：「**為什麼？**」

來不及解釋了，我趕緊放下飯碗，馬不停蹄地開始整理房間，叫老公把廚房收拾乾淨。

他問：「**為什麼？**」

前幾天整理出來的兩大包舊衣服還堆在客廳裡，我叫老公趕緊藏去床底下。

他問：「**為什麼？**」

那一剎那，面對他的靈魂三問，我思潮湧動不止，彷彿打開了巨人的頭蓋骨。

一如既往，毫無懸念。結婚十年後，無論什麼樣的男人，都會變成一個哲學家，而「**為什麼**」正是他邁向哲學世界的墊腳石。我以為兒子上小學後我就不用再回答幼稚的問題，沒料到我依舊要面對這些需要融會貫通很多哲學理論的問題……

然而，我一介硬核中年婦女又豈是等閒之輩？我會對他的「為什麼」做出解釋嗎？那需要至少一千兩百八十個小時，我把餘生都投進去，他也畢不了業。

但此刻，我內心深處藏而不露的黑格爾悲劇理論的激情被點燃，思想之火也被熊熊燃起，並形成了發散性哲學思辨：我兒子以後大概也會是這樣一個腦袋迴路不夠用的直男吧？不由得心疼未來兒媳婦幾秒鐘。

但好消息是，我以後不會包粽子並且為他們親自送上門，我的兒媳婦必將不會因為我的突然襲擊而領著全家人打掃房間、整理廚房、當面吃粽子……

十三姐夫有句名言：**康德說過，賢妻讓男人變成嬰幼兒，悍婦讓男人變成哲學家。（康德笑而不語。）**

前者容易理解，一個凡事一把抓的老婆帶大一個百斤巨嬰不是什麼難事。

後者就深奧了，但這聽起來很不錯——也許悍婦才是推動男性整體成長進步的力量。

而我總覺得，**大多數已婚男人是在「嬰幼兒」和「哲學家」之間任意切換，他們的哲學思辨能力，會隨著時間的推移而逐年提高。**

起初，他會用唯物辯證法及從發展角度看待事物的哲學理論來思考生活。比如他會思考我為什麼像變了一個人，是什麼原因讓結婚前那個擰不開瓶蓋的弱女子，成為現在剽悍的老婆大人。

第一次脫褲子不害羞，第一次換衣服不關門，第一次把對方當兄弟……在哲學上，這應該是忘我卻又忠於本我的質的飛躍，和尼采的哲學思想差不多，他說過：「自從厭倦於追尋，我已學會一覓即中。自從一股逆風襲來，我已能抗禦八面來風，駕舟而行。」

十三姐夫也說過，「**自從我老婆選擇對我視而不見，做事效率提高了。**」

第二階段，他便開始鑽研主要矛盾和次要矛盾的辯證關係理論，掌握了「一起罵小孩可以避免自己挨罵」的黃金法則，並偶爾學會動腦筋想一個問題，「她說的那句話，到底是不是那句話本身的意思？」

再後來，他的腦容量支撐不了更多的哲學思辨，只能尋覓一方淨土去冥想，「算了，我坐在馬桶上再多思考一會兒吧……」

每一個鑽進廁所不願離去的爸爸，不都是消化不良，更不是便祕。他多半是鑽入了另一個哲學怪圈裡，難以自拔。

如果說婚後男人的哲學之路重在「形」，那麼，婚後女人的哲學生活態度便是重在「意」了，顯然，更高深一些。

尤其是跟未婚的年輕小姐在一起時，更能凸顯我們的哲學思辨之混沌迷離。

那天有個妹子問我，「你和十三姐夫當年是誰先追誰？誰求的婚？」

這是一道送分題。

難道我會說是我追他？難道我會說是我求的婚？神經病啊，我不要面子的啊。

然而事實是，我冥思苦想，也想不起來是誰先追誰、誰求的婚。那些盤根錯節的古老細節如同我的髮際線一樣，本以為在那兒，卻已經看不見摸不著了。

畢竟我們現在天天想著的都是「誰做飯」、「誰幫孩子簽名」、「誰去參加親師座談」……

但年輕人不希望答案太負面，他們需要正能量。我對妹子說：「世上萬物本就是你中有我，我中有你，不分你我，哪有什麼誰追誰啊……」妹子聽了似懂非懂。

其實現實中真的有大量的未婚女孩，覺得「愛情」是人生中最重要的元素，把愛情的儀式感當飯吃。

近幾年，每當我看到那種盛大的求婚場面，都替女主角捏把冷汗。嘖嘖，記住這個巔峰時刻吧！今後的每一次吵架，她大概都會絮絮叨叨，「當年你跟我求婚的時候可不是這樣的……」之後每一天的柴米油鹽和雞飛狗跳都是往洞裡填沙，直到求婚的溫馨浪漫感人場面，由歷歷在目變成洞裡的土渣。

生命如水，從發展的眼光看事物，未雨綢繆，這是中年婦女特有的哲學思辨特異功能，常常使我們看起來太現實，不夢幻。

那個妹子又不死心地問我，**「你當年看上十三姐夫哪一點？」**

唉，我連青花菜多少錢一斤都記不住，連家門口公車站有幾輛車都搞不清，你以為我能記住那些沒用的玩意兒？

知道嗎？中年婦女最大的特徵就是對於愛情的頹廢。這是有科學解釋的。

人的大腦分不同腦葉，額葉負責想像，顳葉負責記憶。

婚前的女人，額葉最發達，天天沉浸在想像中。

結婚三年後，基本上你的額葉就失去作用了，於是你放棄了童話般的想像力。

五年後，控制語言中樞的布氏區（Broca's area）和威氏區（Wernicke's area）也會互相推搡，於是你懶得說話了。

七年後，你的顳葉也將改變功能。它不再善於記住以前的事，只能記住以後的事，比如期末考是幾號、距離預約好的專家門診還剩幾天。

所以你讓我回憶當年我看上十三姐夫哪一點？

我的一百四十億個灰質神經元都開始瞬間懷疑人生，出現了系統崩潰。

如果非要有一個答案，**也許我是看上了他的性別吧。**

這些致命的問題離生活太遠了。此時，我的大腦裡只剩一個聲音在循環播放：我是誰？我在哪兒？我要幹什麼？……

這就是女人的大體發展簡史：婚前整天扮家家，婚後活成哲學家。

每個已婚女人頭腦裡都藏著一個佛洛伊德，心裡住著一個蘇格拉底。

對，是蘇格拉底，不是提拉米蘇。只有未婚女孩才是美食家，已婚婦女都是哲學家。

所以，結婚十年以上的夫妻湊到一起，一舉一動都是哲學的演繹，每一句對白都是哲學的大戲，每一秒靜默也是哲學的沉思，這難道不是婚姻的最高境界嗎？

白天是康德的三大批判：這也批判，那也批判，橫豎看不慣。

晚上是柏拉圖式兩性關係：純潔交流，雲端溝通，不越雷池半步。

這穩固扎實的哲學堡壘，是中年夫妻的銅牆鐵壁。一想到自己形而上的生活高度，整個人都感覺高級起來了。

我們這個年紀，
只有當「雲配偶」沒有消息就是好消息時，
才能重溫一次心動，
這應該就是「雲心動」吧。

優秀的靈魂都是雌雄同體，說的就是這屆婦女

撐起安全感只需要一個女人就夠了，因為她雌雄同體，一個抵兩個。

有一回，十三姐夫說不舒服，我問他哪兒不舒服，他說頭蓋骨以下、臀部以上。

說完，他往沙發上一躺，並打開了手機滑網路。

等我收拾完廚房、把地板拖乾淨，順手把房間整理了一遍，還幫兒子切好水果，再來看沙發上那位，已經睡著了。

看來這次網路沒有為他診斷出腦子和大動脈的怪病，心肝脾胃腎和骨頭也沒事，當然也不是食物中毒或幽門桿菌，更沒有推薦去著名的泌尿科檢查前列腺……等我忙完了坐下，這位百斤巨嬰緩緩醒來，說：「我好多了，剛才可能是吃得太撐了。」

他那銅鈴般的雙眼中，充滿了「有你真好」的那種安全感。

是的，當一個已婚男人身體不適或內心侷促時，身為密切接觸者的我們，如何給予他們安全感呢？別廢話，把所有的事情都做完，他們的很多病就不藥自癒了。

二十四歲時，有人問我，「你找對象的要求是什麼？」我說沒什麼要求，可以沒錢、可以沒房，但是得給我安全感。

其實那時候也不知道什麼是安全感。到了三十歲，有些事就逐漸明朗且具體起來了。

那時覺得女人追求的安全感，也不是幻想什麼白馬王子，那種王子手無縛雞之力，一點用沒有。我們幻想的是一個殺敵如搗蒜的勇士，勇往直前，風雨無阻。不用火裡來水裡去，但起碼能左手打掃、右手打怪，懂點機械，會點烹飪，上能搞定空調暖氣，下能搶救水管燈泡。時而如霸道總裁般把我們置於無用之地，時而像青春少年一樣與我們摸索生命的大和諧。小事不用我們管，大事不用我們管，只有存摺需要我們管。而我們只要像個沒見過世面的小女孩一樣，躲在他雄鷹般的英姿之

下，為他鼓掌叫好，順便拋一個色瞇瞇的媚眼就行了。

但幾年之後發現，我才是那隻雄鷹。

他要是不找麻煩，偶爾還能來個比翼雙飛；他若找麻煩，那就只能上演射鵰英雄傳——斷臂的過兒在姑姑家再鶯鶯燕燕，到了我這隻大鵰面前，也就是個拖油瓶。現在我們這屆婦女才是殺敵如搗蒜的勇士，勇往直前，風雨無阻。既能火裡來水裡去，也能左手打掃、右手打怪，掌握了不少機械原理，也學會了各國料理，至於搞定空調暖氣和搶救水管燈泡這樣的小事，根本不在話下。時而如霸道總裁般把老公置於無用之地，時而像懵懂少女一般，假裝聽不懂他講的半島局勢和區塊鏈。小事不用他管，大事不用他管，我們賺多少錢也不用他管。時不時在我們雄鷹展翅的閒暇之餘，老公還能像個女人一樣色瞇瞇地拋個媚眼。

沒想到我們可望而不可即的安全感，我們的老公不費吹灰之力便擁有。雌雄同體的優秀靈魂，不是安全感的搬運工。我們直接創造安全感。

以前帶小孩去遊樂園玩，兒子非要玩雲霄飛車。雖然我和他老爸都在發抖，但總有一個人要陪孩子上去，那個人只能是我，因為孩子的爸說他上去之後，可能會猝死。

在愛與生命的大前提下，勇敢往前邁一步的人總是我。該像個男人的時候，不能膽怯的人也是我。

以前叫雲配偶出去辦點事情，從他出門到回家，全程要「諮詢請教」我，好像我天生就會一樣。要是叫他參加親師座談，他連「教室在哪裡？」、「要不要做筆記？」也問我，遠距一對一指導他，還不如我親自到場。

但身為提供安全感的一方，我們不能每次在隊友需要的時候漏氣。儘管**我們需要他們的時候，他們總有一句萬能的回答：「你看著辦吧，我也不知道。」然後還送上一個「加油，你能行！」的眼神。**

一般來說，關於安全感這件事，女人從自己身上獲得比較容易。

戀愛時，心存幻想，覺得江湖行走有個雄性相伴，就有滿滿的安全感。到結婚時，想想這個人也不用多強，只要心眼不壞，就有安全感了。新婚前三年，你開始教他如何給你安全感；婚後第五年，你發現他不給你添亂就算很安全了；婚後第七年，你別杵在我前面擋我的手機訊號，已經是最大的安全感……

有位女性朋友，有一次因為搬了個大西瓜，導致網球肘和椎間盤突出一起發作。結果她綁著護腰、護肘，齜牙咧嘴地繼續洗衣服、買菜、拖地板、鏟貓屎。

她老公，一個前特種兵，搬了一箱礦泉水，說腰疼，在床上躺了三天三夜，除了

廁所自己上，其他事都不能自理。她每天煮淮山藥水，笑臉相迎地端到床前，哄他喝下，內心有種餵武大郎喝藥的滿滿快感。老公卻從那一碗碗液體裡，感受到了滿滿的安全感。

真是雙贏啊！

撐起一個家，可能需要至少兩個人。但是撐起安全感，可能只需要一個女人就夠了，因為她雌雄同體，一個抵兩個。

中年老母不配過雙十一

雖然老母我穿一九九的花車運動衣，
但我的孩子值得擁有一九九九九的外師一對一。

每年的雙十一都是一場大戲。一到雙十一，什麼妖魔鬼怪都現身了。儘管已經連續一個多禮拜裝瞎，躲過了八百多年沒聯繫的群組好友傳來「幫我搶優惠」和「點一下團購」的請求，然而，躲得過初一、躲不過十五，事情還是發展到了高潮。

雙十一到來之前，連隔壁公司的財務長都衝進我的辦公室，直接揪住我問：「姐妹，要不要報一堂英語閱讀？」

我被她嚇了一跳。

她說：**「雙十一活動，邀請一位好友報名可以優惠五百元，還送一堂外師一對一教學！」**

我看著她被金錢沖昏了頭腦的樣子，安慰她說：「你缺五百塊的話，我現在轉給你。」

財務長算了算這筆帳，生氣了。「我要的是五百塊嗎？我要的是和外師一對一。」

「那你就買一對一的課。」

「哼！」

她拋下一句「你冷漠，你無情」，便轉身離開。

唉！雙十一，擊潰了多少塑料的友誼。

好在鈦合金的戰友情還是占多數。我們主張互相扶持的友情，應該是撲滅對方想亂買東西的欲望。至於雙十一想搶便宜的，我們也一致地叮嚀對方別再想那些了，畢竟大家都是有幾百萬乃至千萬貸款的人。

尤其讓我深感欣慰的，是當我知道很多人和我一樣，看到那些雙十一遊戲規則就冒冷汗，發現有人在算打折券的金額就不敢看，我感到了深深的釋懷。

雙十一的全民狂歡，離中年人有點遠。

我思索了良久，主要原因可能是精力跟不上吧。

之前在網路上看過一個比喻：

「雙十一搶便宜的難度大致等同於：把優惠券藏在深山一棵四百年古樹後方一百公尺遠的劉姓土撥鼠家的車庫裡，在兩小時內找到土撥鼠一家，並在車庫前合影留念，即可獲得二十元優惠券。」

是，沒錯。我們中年人可以埋頭苦幹四十分鐘找規律、填數字，可以發憤鑽研小明和小紅各走多少公里才能相遇，也能排除萬難，尋找蛛絲馬跡，計算多邊形ＡＣＤＦＧ陰影部分的面積……但是，我們不願意花時間找土撥鼠去要那二十塊錢的優惠券！

在這方面，恐怕我們已經被詩和遠方占據，就算再便宜也沒興趣。

二十元優惠券對我們來說，機會成本太高了。

二十元買不到我為教育事業添磚加瓦的壯志，二十元買不到我在孩子面前潑墨揮毫的雄風，二十元不能撫平期中考後，我千瘡百孔的內心，二十元無法滿足我在其

他領域因計算失誤而丟失的成就感……

二十元，買不了安心，買不到放心，只能買一小段讓我更抓狂的心煩。

我，中年婦女，不配要這二十元！告辭！

最近好多通訊群組已經走火入魔，喪心病狂。就連育兒群組的媽媽們都連續好多天貼出各種推薦，幾輪堆坑，掂一掂購物車，互相取長補短。

這時，**心情就像考前衝刺複習，生怕遺漏，又害怕太多。**

這看似瀟灑刺激的買買買，卻連平常購物快感的一半都不及。在這團結緊張嚴肅活潑的雙十一購物節，當老母們經過徹夜推敲後刪刪補補，最終去掉了自己的美容儀和幾款大衣，留下了孩子的滑雪裝備、爸媽的保健品、老公的旅行箱、衛生紙牙膏衣物柔軟精、貓砂貓糧貓玩具之後，中年婦女內心只留下無盡空虛。

身為一個剛治好期中考後遺症的老母，一個已經把寒假續班準備金放在床頭的老母，這樣的精神空虛無疑是雪上加霜。這空虛，來自大家心照不宣的信念淪喪。

本來大家聊的都是教育事業、育兒大計，討論閱讀理解，問答升學比例，聊民生國事，談偉大理想……生機盎然，充滿鬥志。如今呢？天天搶便宜！

雙十一，果然能令人玩物喪志。

除了沒空、沒精力，身為平時竭盡全力生活的油膩中年，大多數人可不想在雙十一這種顯眼的時刻，展現自己搶便宜的本事。

打折？優惠？促銷？有事嗎？瞧不起誰呢？是平時買不起嗎？畢竟「十一月續班季」正如火如荼地展開，大家轉起帳來，眼睛眨都不眨一下。沒考慮雙十一這件事，以後也不會考慮。留點錢過年不好嗎？

對於這樣一群人，愈便宜的愈不買。「線上課程一九九」？肯定教不好，一轉身買了個一萬九千九百九十九元的。

雖然老母親我就穿一九九的紅色運動褲，但我的孩子卻值得擁有「一對一」。

「有沒有高價班？」進補習班詢問課程的中年婦女就那麼大聲地問了出來。在那種氣場十足的時刻，誰在乎他們雙十一是送兩套限量版考卷，還是送一堂新推出的菁英班。

當寒假續班遇上雙十一，你覺得最大的贏家在哪裡？

趕在雙十一前，能推出續班大福利——贈兩堂課的，已經是財大氣粗的好補習班了。

也有續班報名送豐盛好禮組合的，包括兩套專家出題的模擬卷、一本附答案的練習本，孩子再也不用擔心爸爸做不出來啦！

再不行，送雙倍積分，送魔術方塊，送文具組，送一個一九九上面印著補習班LOGO的環保袋，背出去拉風有面子。

別誤會，中年人不關心雙十一，不代表他們能力達不到。

雙十一秒殺搶購的，基本上都是大學生和未婚青年。難道是中年人太慢了搶不到？呵呵，笑話，那是懶得和他們玩。

中年人要是快起來，做什麼都快！搶報名、搶選課、搶跨班，你看中的時間點和老師，一秒就沒了，秒殺的速度遠比雙十一搶付帳快。

而中年人淡定起來，也永遠最淡定——滿額優惠？我數學不好，算不來，不需要了，謝謝。

有一回雙十一前的晚上，我爸跟我說：「我今晚十二點起來秒殺，鬧鐘都設好了。」

「秒殺什麼？」

「智能電動馬桶座，晚上開搶，買三個。」

唉，我發現中年人已經拚不過老年人了。這種高體力消耗的活動，還是留給老年人吧。他們有空重溫熱烈的青春，有精力追求更卓越的生活方式，而我們中年人，不會為體驗拆快遞的快感而湊這個熱鬧。

我看著自己的黑眼圈，摸了摸加完班、陪寫完作業後，又向上移了半指的髮際線，慚愧地低下頭。

過雙十一，我不配。

中年婦女的塑料光環，說碎就碎

中年人的膨脹，總在回家後花落滿地。

二〇二〇年年底，我特別忙，一週內坐四次飛機、參加三場大會、接受兩場採訪、領了一個獎。與此同時，收到兩個喜訊：兒子的感冒好了；期末考結束了。原以為一段忙碌的工作終於完美收尾，可以好好歇一歇了。直到回家後，我才意識到真正的忙碌才剛開始。

同樣是忙碌，前後卻有天壤之別。我覺得吧，家門就像是一個結界，裡外是不同時空，走出去歲月靜好，走進來只剩生活瑣碎。

中年婦女在結界外的塑料光環，一回到家真的說碎就碎。

我不得不把我碎了一地的美好生活跟大家講一講，好讓你們開心開心。

我一早拖著痠痛的老腰從廣州出發，中午回到上海的家，中間只休喘了一個小時，便馬不停蹄地開車送兒子去上樂理課（大提琴晉級考試必修）。車開到半路，引擎蓋突然冒煙。我故作鎮定地打開引擎蓋，身為硬核中年婦女代言人的我此刻絕不能退縮，我必須擺出一副老司機特有的架勢，讓孩子看看我的全能。

不過，弄了半天，我還是不知道哪裡出了問題。這不怪我，主要是當時正在下大雨。於是我把車停在路邊，叫計程車把小孩送去上課，這時已經遲到半小時。然後我火速又搭車回到事故點，叫了拖車，把車拖去修理廠。

忙完這些，已經到了下課時間，我得趕去接兒子下課。為了防止路上堵車，我機智地鑽進地鐵，渾身濕漉漉地在下班尖峰被推進車廂。三十分鐘後，再被人群無情地推出車廂，冒雨狂奔兩百公尺衝進教室。

老師說：「因為你們上課遲到了半個小時，導致我必須加班半小時幫你家孩子把課上完。」

我熟練地露出恰到好處的微笑，點頭哈腰地向老師賠不是，「對不起，我們的車在半路冒煙了。」

「下雨天還能冒煙？」

我竟無言以對，只能調侃道：「其實您不知道，下大雨和車壞了的橋段最配，這才是標準的倒楣鬼劇情啊。」

回到家，我癱坐在沙發上，頭髮還滴著水。敲黑板，女人的內心戲此刻必須開場了。

哇，昨天的這個時候，我正站在聚光燈的中心，台下幾千雙眼睛凝視著我的雙下巴。我侃侃而談，所有人為我鼓掌。

十幾個小時之後，我被生活打回原形，頭髮被冷冷的冰雨拍成了大人模樣，濕透的靈魂在溫暖地鐵裡歌唱。

覺得這個落差，有點倉卒。

我做了一個設想——

假如我對老師說：「老師，您知道嗎？我是昨天剛領了網路大獎的知名ＫＯＬ網紅！」

老師可能會說：「**你誰？什麼Ｏ什麼Ｌ？**哦對了，你兒子這個指定音七和弦還是容易聽錯，回去多練練。」

嗯，很明顯，我是什麼Ｌ對老師來說沒有意義，他只知道我是誰的媽。假設此刻我又說：「沒問題的，我可以叫他練。**老師，您知道嗎？我可是知名部落客裡，鋼琴彈得最專業的！**」

老師可能會說：「**哦，是嗎？**我下班了，再見。」

老師您等等，先別走啊，我還沒膨脹完呢……

事實是，還來不及膨脹，我就沒氣了。老師才不管你頂著什麼塑料光環在這兒現。人家只看你的孩子是不是認真學習。

深藏功與名的人生，前一秒以為登上了人生巔峰，後一秒就墜入冷暖人間。大起大落總是不經意間就落在我們頭上。

想想自己淋著大雨，一臉堆笑地請拖車師傅幫忙的狼狽模樣，內心就算有一萬個不情願，也得笑對此刻的人生。而就在一天前，我還坐在主辦單位安排的豪華轎車裡，來往於套房與會場之間，五分鐘的步行距離硬是開出了十二分鐘的儀式感，彰顯奢華，風月無邊。

回想那些發光的片刻，不膨脹是假的。當你走路都有人幫你拎著小裙子，喝口水都有人湊上來補口紅，每十分鐘就有人問一次「你餓了嗎」……你會發現這世界好溫柔。

至今還記得，舞台導演蹲在身邊輕聲細語地幫我喬角度，攝影大哥晃過我面前時，深情的注視。司機李大哥那靦腆的微笑，車上配備的Evian礦泉水和小堅果，搖下車窗時，那一臉撲面而來的香氣……一切都是那麼令人回味。

醒醒！那時的我不會想到十幾個小時後，我擰乾袖口的雨水，在地鐵最後一節車廂，看著角落的年輕女孩認真補完她的櫻桃色口紅，然後輕巧塞進香香的小包包裡，而我的大帆布袋裡有兒子吃剩的半顆蘋果逐漸發黃。

前一天，世界真美好。後一天，人間不值得。

這一切，只因為我們離開了工作，回歸了生活。所以女人為什麼要有工作，要走出去，一切都有了答案。

然而，昨日一切皆為虛幻，今天的一切才是現實。別相信任何中年婦女在外面的光鮮人生……基本都只占她的一半。

嗯，這世上只有菜市場的價格、補習費、孩子的成績是百分百不騙人的。

中年人的膨脹，總在回家後花落滿地。

這是光環的不持久，還是舞台的不挽留？

我們的光環崩塌往往就在一瞬間。**任你七十二變，家就像太上老君的煉丹爐，進去了就被打回原形。**

誰在乎你是哪一行的大咖、業界巨星，縱使你成就斐然、光彩奪目，在更多人眼裡，你就是「誰誰誰的家長」，有一個不怎麼讓你費心的孩子，生活得和所有人一樣煩心，遇上的也都是那些事。

但中年人的硬核高潮部分來了——**在經歷了這些雜亂又煩人的倒楣事，以及讓內心無比惆悵的落差對比之後，所有人還能看到我們在笑。**

這就是生活。

當然，在孩子面前，我還是得頂著，不要影響了我在他心目中的母后形象。畢竟我們努力工作贏得的一切，最終還不是為了在孩子面前炫耀自己，成為離他最近的榜樣嗎？

至於碎掉的塑料光環，我們就摻進枸杞桂圓菊花茶裡，一飲而盡吧。

女人超越你的時候，從不會提前打招呼

沒有誰能真正平衡好一切，只是有人笑著多扛起一個擔子而已。

我經常被問到一個問題：你是如何平衡事業與家庭，如何兼顧工作與帶小孩的？

同樣的問題，幾乎不會有人去問男人如何平衡與兼顧。也許在大多數人心裡，男人是一群幸運的單細胞生物，忙事業的男人不用帶小孩，忙工作的男人不必兼顧家庭。

而女人則是一群無奈的八爪魚，工作愈忙就應該「愈顧家」，這樣才是美談，才能獲得全能的美譽。我們**必須**平衡，**必須**兼顧。

大概很多人希望從我們這兒得到一個唯美且迷幻的答案，「我擁有三頭六臂，我長了兩個腦袋，我可以同時做五件事，我有時空穿梭的特異功能……所以我在工作和家庭中切換自如，在事業與孩子間呼風喚雨。所以我能兩手抓，兩手都能硬。」如果這不是人們想要的答案，那或許該說：「我殫精竭慮，夜以繼日，不眠不休，肝腸寸斷，磨滅天性，破釜沉舟。付出極大的心力，才能把自己訓練成兩頭兼顧的優秀女性。」

很顯然，天賦異稟不符合常理，要哀怨也不可行。

都什麼年代了，女人還被問這樣老掉牙的問題，真令人沮喪。

亂七八糟的工作和更亂七八糟的生活，到底是怎麼兼顧的？既然沒有人會習慣性向男人們提出這個問題，女人們就不得不探索出一個答案了。

無非就是靠放棄一些時間，來獲取另一些時間；靠犧牲一些夢想，來實現另一些夢想；靠錯過一些美好，來實現另一些美好；甚至是靠放掉一些美麗的鴿子，來陪伴生活的瑣碎。

比如，和閨密約的海島之旅、和朋友約的下午茶、和老同學約的自駕遊，該放鴿

子的時候就得放，因為得把時間留給工作或家庭，做一個「工作與家庭平衡，事業與帶小孩兼顧」的優秀媽媽。

年輕人很浪漫地與春天有個約會，媽媽們卻得先看春天會不會影響我們成為一個各方面兼顧的八爪魚。如果影響了，對不起，春天，你走吧，我們不合適。我們狠起來，還能放醫生鴿子。就連偶爾生一次病都不好意思去醫院，多喝熱水能治好一切，因為我們知道，身為病號時愈恣意享受，病好之後的反差就愈大。病一好，所有的事又落到你頭上，三天沒做的家事得重新補齊，幾天沒管的孩子得從頭收拾。溫婉瞬間變凶狠。有句話說得好：**「出來病，遲早是要還的。」**

媽媽們就是這樣變得愈來愈「兼顧」和「平衡」的，也就是這樣不動聲色地強了起來，不知不覺地把很多人甩在身後，沒了競爭，獨孤求敗。

當那些整天問「你如何兼顧工作和生活」的人反應過來的時候，會發現媽媽們已經默默地變成無敵金剛，他們被瞬間碾壓到窒息。

女人超越你的時候，根本不會提前打招呼。

前陣子我們徵求「大家當媽媽後，學會了哪些硬核新技能」。有一位媽媽ＰＯ出：

能全面裝修房子包括水電改造；
能修家裡過了保固期的家電；
為了替孩子示範，學會騎馬；
自學花式滑冰以指導、陪練孩子；
找遍補習班看過所有名師以幫孩子選最好的老師；
會做數學難題；
會烘焙，裱花蛋糕的漂亮程度遠超過市售蛋糕；
會做各類中西餐；
會理髮，保證不把錢讓美容院賺；
……

有的媽媽這樣評價自己，「我從來不求人，不管什麼事都能自己一手包辦。」但我認為這樣不太好，女人還是要「求人」的，還是有需要老公幫忙的時候，比如：換水龍頭的時候，請老公幫忙遞一下扳手；情人節的時候，需要在個人貼文裡秀一下，昭告天下，沒換人、沒分居、沒離婚；生二寶的時候，需要好兄弟提供一些必要的「人道主義援助」；逢年過節親朋好友聚會時，需要作為現實存在的配偶出現……

大多數媽媽都能迅速把各路競爭對手拋在身後，快速從一個什麼都不會做的小公主，轉變成能打理一切的女漢子。

從選尿布到買奶粉，從螢光劑到過敏源，從啟蒙書到安全座椅，從專家特別門診到傳染病科，從抗生素到按摩推拿，聽得懂電磁感應，弄得明白語氣助詞，看得懂文言文翻譯，做得了曲線雕塑運動。必須人間富貴花，給孩子報名補習隨便刷……與此同時，上班不能遲到，下班不能早退，有任務不能退縮，有壓力還得扛著，完成ＫＰＩ關鍵績效指標的節奏不亞於任何人。在公司還能兼任生活指南、情感助理、知心大姐姐……

每天一睜開眼，就是一堆待辦事項。臨睡前還得回顧一下今天有哪些事沒做好、明天有哪些事等著我。長此以往，很多女人總感覺自己是一個統管八面、威震四方的女戰士，氣吞山河，無所不能啊！

但生活就是這麼諷刺。一轉身回歸現實，那些小到不能再小的瑣事，依然離不開女人們的操持。

早上一片忙亂地送小孩上學，白天手腳並用應付工作，晚上雞飛狗跳陪讀輔導……全年無休的特級保母＋雜工，不賺錢還倒貼。

一想到這裡，不禁慨嘆卿本佳人，瞬間失去了自信。唉，事業與家庭平衡、工作與帶小孩兼顧，說起來容易，真的要做到是何其困難啊！

所謂「家庭與事業兼顧」，都只不過是一地雜沓之上的那張漂亮手工地毯，我們努力做的，只不過是讓它折舊的時候貴一點而已。

沒有誰能真正平衡好一切，只是有人笑著多扛起一個擔子而已。

國家圖書館預行編目資料

了不起的硬核媽媽/格十三著. -- 初版. -- 臺北市
: 寶瓶文化事業股份有限公司, 2021.08
面； 公分. -- (Vision ; 215)
ISBN 978-986-406-250-8(平裝)
1.母親 2.育兒 3.家庭關係

544.141 110013256

Vision 215

了不起的硬核媽媽

作者／格十三

發行人／張寶琴
社長兼總編輯／朱亞君
副總編輯／張純玲
資深編輯／丁慧瑋 編輯／林婕伃
美術主編／林慧雯
校對／丁慧瑋・陳佩伶・劉素芬
營銷部主任／林歆婕 業務專員／林裕翔 企劃專員／李祉萱
財務主任／歐素琪
出版者／寶瓶文化事業股份有限公司
地址／台北市110信義區基隆路一段180號8樓
電話／(02)27494988 傳真／(02)27495072
郵政劃撥／19446403 寶瓶文化事業股份有限公司
印刷廠／世和印製企業有限公司
總經銷／大和書報圖書股份有限公司 電話／(02)89902588
地址／新北市五股工業區五工五路2號 傳真／(02)22997900
E-mail／aquarius@udngroup.com

法律顧問／理律法律事務所陳長文律師、蔣大中律師
如有破損或裝訂錯誤，請寄回本公司更換
著作完成日期／二〇二一年七月
初版一刷日期／二〇二一年八月
初版二刷日期／二〇二一年八月二十六日
ISBN／978-986-406-250-8
定價／三七〇元

《了不起的中國媽媽》
格十三 著

AQUARIUS 寶瓶 文化事業

愛書人卡

感謝您熱心的為我們填寫，
對您的意見，我們會認真的加以參考，
希望寶瓶文化推出的每一本書，都能得到您的肯定與永遠的支持。

系列：Vision 215 **書名：了不起的硬核媽媽**

1.姓名：＿＿＿＿＿＿＿＿ 性別：□男 □女

2.生日：＿＿＿年＿＿＿月＿＿＿日

3.教育程度：□大學以上 □大學 □專科 □高中、高職 □高中職以下

4.職業：＿＿＿＿＿＿＿＿

5.聯絡地址：＿＿＿＿＿＿＿＿＿＿＿＿＿＿＿＿＿＿＿＿

聯絡電話：＿＿＿＿＿＿＿＿ 手機：＿＿＿＿＿＿＿＿

6.E-mail信箱：＿＿＿＿＿＿＿＿＿＿＿＿＿＿

□同意 □不同意 免費獲得寶瓶文化叢書訊息

7.購買日期：＿＿＿ 年 ＿＿＿ 月 ＿＿＿日

8.您得知本書的管道：□報紙／雜誌 □電視／電台 □親友介紹 □逛書店 □網路
□傳單／海報 □廣告 □其他

9.您在哪裡買到本書：□書店，店名＿＿＿＿＿＿ □劃撥 □現場活動 □贈書
□網路購書，網站名稱：＿＿＿＿＿＿＿ □其他＿＿＿＿＿＿

10.對本書的建議：（請填代號 1.滿意 2.尚可 3.再改進，請提供意見）

內容：＿＿＿＿＿＿＿＿＿＿＿＿

封面：＿＿＿＿＿＿＿＿＿＿＿＿

編排：＿＿＿＿＿＿＿＿＿＿＿＿

其他：＿＿＿＿＿＿＿＿＿＿＿＿

綜合意見：＿＿＿＿＿＿＿＿＿＿＿＿＿＿＿＿＿＿＿＿＿＿＿＿

11.希望我們未來出版哪一類的書籍：＿＿＿＿＿＿＿＿＿＿＿＿＿＿＿＿

讓文字與書寫的聲音大鳴大放

寶瓶文化事業股份有限公司

（請沿此虛線剪下）

廣 告 回 函
北區郵政管理局登記
證北台字15345號
免貼郵票

寶瓶文化事業股份有限公司 收

110台北市信義區基隆路一段180號8樓

8F,180 KEELUNG RD.,SEC.1,

TAIPEI.(110)TAIWAN R.O.C.

（請沿虛線對折後寄回，或傳真至02-27495072。謝謝）